Für
Julien, Lennon, Darren und Nick

Illustrationen von
Daniel Unrau

René Hagspiel

Das Geheimnis von Monetia

Das Tor

WERTVOLL VERLAG

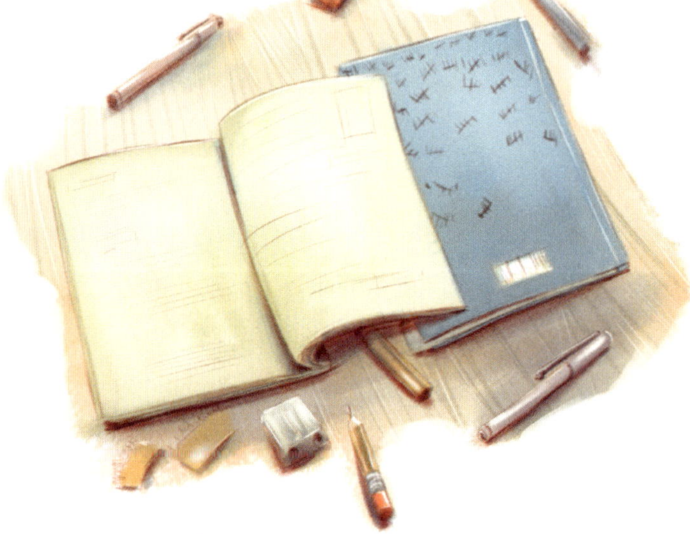

1 Geburtstag

Es gibt Tage, die beginnen ganz normal und enden auch so: ganz normal. Andere Tage beginnen zwar normal, münden dann aber in ein großes Abenteuer. Und dann gibt es noch jene Tage, die von Anfang an besonders sind: die *Geburts*tage. Sie sind keine Überraschung. Schon lange im Voraus weiß man, dass sie kommen. Allerdings macht es das Warten nicht einfacher.

Zumindest war es so für Nick. Schon seit Wochen hatte er die Tage rückwärts gezählt, indem er jeden Morgen einen Strich auf die Rückseite seines Hausaufgabenheftes gemacht hatte. Jede Menge Striche waren auf diese Weise zusammengekommen – jede Menge lächerlich kurze Striche für ebenso viele unerträglich lange Wartetage.

Aber jetzt war es endlich so weit. Nick brauchte keine Striche mehr zu machen. Als er aufwachte, wusste er: „Heute ist ein besonderer Tag, denn heute habe ich Geburtstag!"

Aufgeregt sprang er aus dem Bett.

An normalen Tagen ging das mit dem Aufstehen nicht so schnell. Da musste Nick immer erst mühsam von der Mutter geweckt werden. Anschließend musste er sich waschen, anziehen, die Zähne putzen … Auf den letzten Drücker entschwand Nick dann zur Schule. Aber heute war alles anders, denn es war Sonntag. Geburtstag am Sonntag, das bedeutete: schulfrei. Mehr Glück konnte man sich eigentlich gar nicht vorstellen. Und dann wurde es auch noch ein Tag, der in ein großes Abenteuer mündete. Das größte Abenteuer, das Nick jemals erleben würde. Aber das wusste er natürlich nicht, als er aus seinem Zimmer eilte.

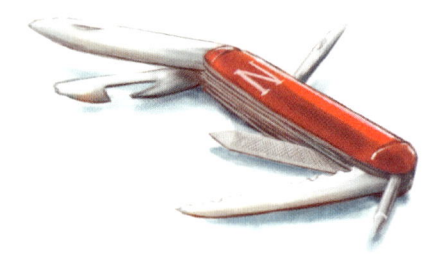

Der Esstisch in der Wohnzimmerecke war aufs Festlichste geschmückt. Mama, Papa und Lisa warteten schon mit dem Frühstück – sie waren extra früher aufgestanden, um alles vorzubereiten. Lisa war Nicks kleine Schwester. Manchmal konnte er sich totlachen über sie, manchmal nervte sie ihn aber auch fürchterlich mit ihrem Geschrei.

Vor allem, wenn sie nicht bekam, was sie wollte, oder ihr Schnuller nicht da war. Eigentlich war sie schon zu groß dafür, aber weder der Vater noch die Mutter hatten es bisher geschafft, Lisa ihren geliebten Schnuller auszureden.

„Na, jetzt pack doch mal deine Geschenke aus", sagte Nicks Vater. „Oder willst du etwa keine haben?"

„Und ob!"

Nick blickte sich um.

Auf dem Tisch stand ein Kuchen mit fröhlich flackernden Geburtstagskerzen.

Daneben lagen allerhand Geschenke. Das größte lehnte an der Wand, es war das Fahrrad. Nick hatte es sich selbst im Fahrradladen ausgesucht, deshalb war es keine Überraschung. Aber freuen tat sich Nick trotzdem.

„Danke, Papa. Danke, Mama", sagte er pflichtgemäß.

Dann blies er die Kerzen auf dem Kuchen aus und machte sich über die Pakete auf dem Tisch her. Ein paar Bücher, ein Spiel und ein Taschenmesser kamen so zum Vorschein. Ein richtig scharfes mit Feile, Kugelschreiber, Schere und anderem Klimbim.

„Wow!", entfuhr es Nick. „Danke!"

„Wir dachten, du bist jetzt groß genug für so etwas",

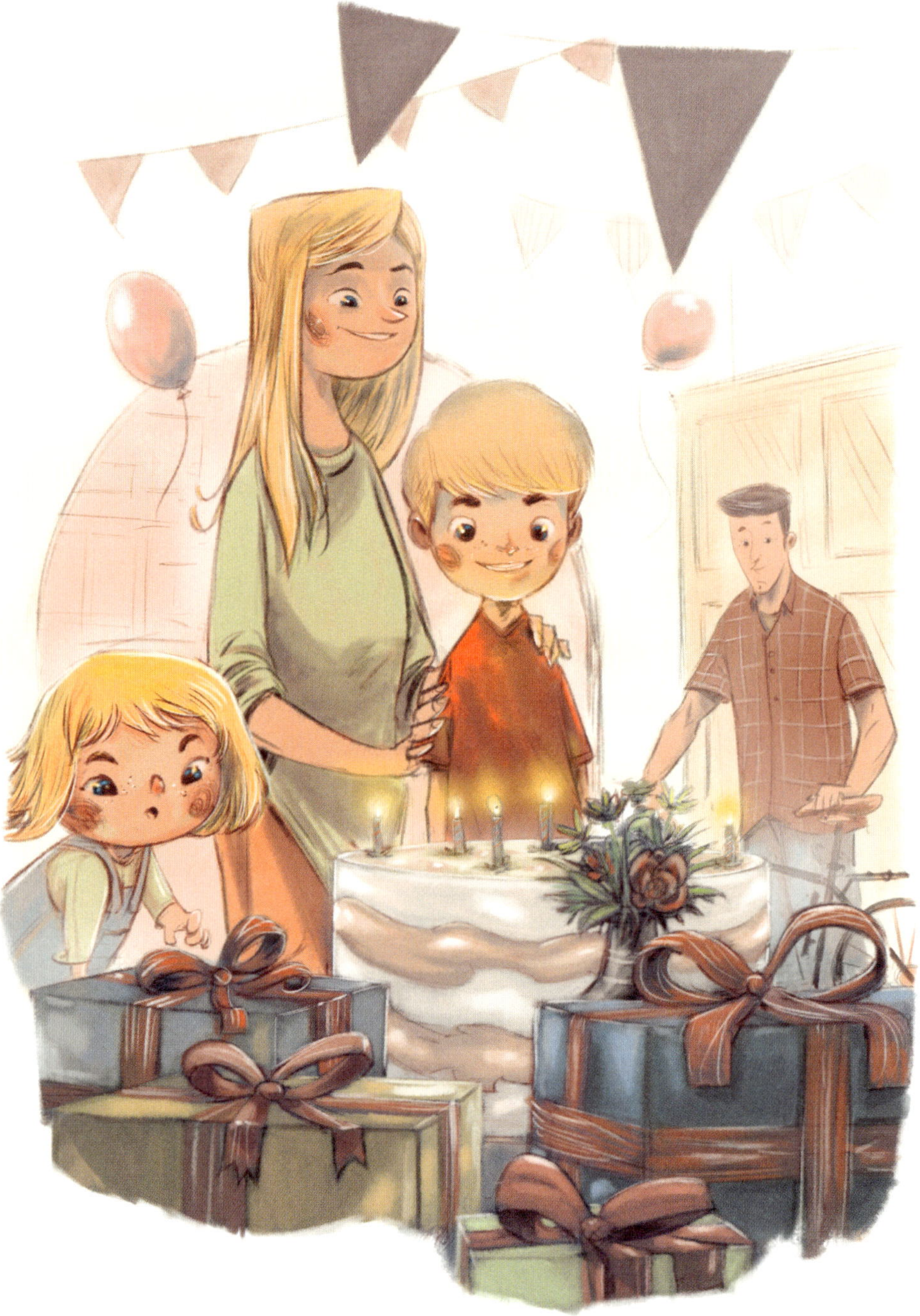

erklärte der Vater mit einem Anflug von Stolz. „Als ich so alt war wie du, habe ich auch ein Taschenmesser von meinem Vater bekommen. Mach aber bitte keinen Unfug damit."

„Auf keinen Fall", versicherte Nick.

Er freute sich über das Taschenmesser. Noch mehr hätte er sich allerdings über ein Smartphone gefreut. Alle in der Klasse hatten ein Smartphone, nur er nicht – jedenfalls kam es ihm so vor. Das Smartphone war Nicks zweitgrößter Wunsch gewesen, gleich nach dem Fahrrad.

Jetzt waren ja noch zwei Pakete auf dem Tisch. Ein riesengroßes und ein kleines. Das kleine Paket packte Nick zuerst aus. Es enthielt einen angelutschten Lolli.

„Der ist von mir!", krähte die kleine Lisa. „Das Papier habe ich mit einem Kaugummi zugeklebt. Er hat noch Geschmack, du darfst ihn zu Ende kauen. Freust du dich?"

Nick nickte. Er wusste, dass es ein Liebesbeweis war, wenn Lisa ihm etwas von ihren Süßigkeiten abgab. Eklig war es trotzdem.

„He, du freust dich ja gar nicht", beschwerte sich Lisa.

„Doch, klar", sagte Nick. „Ich hatte nur gehofft, es ist ein Smartphone."

„Auf ein Smartphone musst du schon selbst sparen", schaltete sich prompt die Mutter ein. „Von uns wirst du so ein Gerät jedenfalls niemals bekommen. Das ist nichts für Kinder."

„Ich weiß", murmelte Nick. Sie hatten diese Diskussion schon tausendmal geführt. Die Eltern waren dagegen, da konnte Nick sagen, was er wollte. Dabei hatten sie selbst beide ein Smartphone.

Jetzt war nur noch das große Paket auf dem Tisch, ein Postpaket. Es kam von Nicks Patentante Brünhilde, die irgendwo im Ausland lebte.

„Wo wohnt die gleich noch mal?", wollte Nick wissen.

„London, glaube ich", sagte der Vater mit einem Blick auf den Absender. Er seufzte. „Zumindest ist es das Letzte, was ich von ihr weiß. Vorher war sie in Südamerika und davor in den USA. Hat irgendwas mit Computern gemacht und ein Heidengeld verdient, als sie ihre Firma verkaufte. Eigentlich müsste sie nie mehr arbeiten. Manche haben eben Glück."

Es klang ein bisschen, als sei der Papa neidisch auf seine große Schwester. Brünhilde war viel älter als er und genau genommen seine Halbschwester.

So richtig gut verstanden sich die beiden nicht. Dafür verstand sich Nick umso besser mit der ausgeflippten Dame. Und auch Lisa liebte sie über alles. Leider kam Tante Brünhilde nur selten zu Besuch, mit ihrem alten Koffer und den bunten Kleidern. Und wenn, dann war sie auch meist bald wieder weg.

Im Paket waren drei Geschenke enthalten: ein großes und zwei kleine. Alle waren sie in buntes Papier verpackt und mit Schleifchen versehen.

„Ist eine Glückwunschkarte dabei?", fragte die Mutter.

Nick sah noch mal nach, aber da war nichts.

„Komisch", sagte die Mutter.

Das große Geschenk packte Nick zuerst aus. Zwischen verschiedenen Verpackungsmaterialien zum Auspolstern fand er einen Dino zum Zusammenbauen. Einen ziemlich großen blauen Dino, der aber eigentlich eine Spardose war.

„Cool!", staunte Nick.

„Ich will auch eine Spardose!", rief Lisa. „Ich möchte auf ein Pony sparen! Und auf ein Einhorn! Und am allerliebsten auf einen Hund!" Und weil sie all das nicht auf der Stelle bekam, fing sie mal wieder an zu schreien.

Sie kreischte wie am Spieß. Erst als die Mutter ihr den Schnuller in den Mund stopfte, gab sie Ruhe.

Papa las schon die Bauanleitung für den Dino durch. Sie hatte gleich obenauf gelegen.

„Das ist nicht nur eine Spardose, es ist auch eine Murmelbahn", stellte er fest. Dann holte er einen Schraubenzieher und sagte: „Los, Nick, wir bauen das mal auf."

Nicks Vater war geschickt in solchen Dingen und Nick liebte es, wenn er ihm beim Handwerkern helfen konnte. So manches Möbelstück hatten sie schon gemeinschaftlich aufgestellt. Und so war auch der Dino kein großes Problem für die beiden.

„Der hat Watschelfüße", lachte Nick, als sie die Beine am Körper befestigten.

Ein Teil nach dem anderen wurde so zusammengefügt.

Zum Schluss waren die Augen dran.

Als er sie einsetzte, hatte Nick für einen winzigen Augenblick das Gefühl, sie würden ihn anblicken. Aber nein, das konnte ja nicht sein. Nick sah noch mal genauer hin: Die Augen waren steif und starr, wie nicht anders zu erwarten bei einer Spardose.

„Fertig!" Der Vater legte den Schraubenzieher auf den Tisch.

Die Murmelbahn fand Nick besonders spannend. Man fütterte den Dino sozusagen, indem man ihm eine Münze in den Mund schob, von wo sie in den durchsichtigen Bauch des Dinos kullerte. Nick hatte noch ein paar Kleingeldmünzen in der Schreibtischschublade. Die holte er sich rasch, warf sie in den Dino und beobachtete gebannt, wie eine nach der anderen nach unten rollte.

„Ich will auch, ich will auch!", rief Lisa.

„Es ist aber *mein* Geschenk!", erwiderte Nick, während er seine Schwester zurückschob. „Ich darf bestimmen."

„Du bist gemein!", schimpfte Lisa.

Jetzt waren noch zwei kleine Päckchen da, die Nick auspackte.

Das erste enthielt ein richtiges Schatzkästchen.

„Donnerwetter", staunte Nick und klappte es auf.

Es lagen darin, in schwarzen Samt eingebettet, drei goldene Münzen.

„Sind die was wert?", wollte Nick wissen.

„Sieht so aus", sagte der Vater. „Schau, da ist ein kleiner Zettel mit dabei: *Niemals ohne Anweisung einwerfen!*, steht drauf."

„Und was soll das bedeuten?", wunderte sich die Mutter.

„Vielleicht finden wir die Antwort darauf im letzten Päckchen", sagte Nick und stellte das Schatzkästchen auf den Tisch.

Dann riss er das Verpackungspapier des dritten Päckchens auf – und wäre vor Freude am liebsten in die Luft gesprungen.

„Ein Smartphone!", rief er und konnte es kaum glauben.

„Ich will auch ein Smartphone!", rief Lisa sofort, doch niemand beachtete sie.

So fassungslos hatte Nick seine Eltern selten gesehen.

„Wie bitte?", stammelten sie.

„Ein Smartphone! Tante Brünhilde hat mir tatsächlich ein Smartphone geschenkt! Ein … ganz komisches!"

Nick überlegte.

Moment. War das wirklich ein Smartphone? Es sah irgendwie anders aus als die Geräte, die er sonst so kannte: nicht rechteckig, sondern oval und hinten abgerundet. Im Grunde sah es aus wie ein halbiertes goldenes Ei. Auf der flachen Seite war ein kleiner Bildschirm und darüber war ein Kompass aufgedruckt. Ein Knopf war nirgendwo zu sehen, auch keine Steckdose oder sonst etwas Vergleichbares.

„Wie soll man das einschalten?", wunderte er sich.

Als hätte es Nicks Frage gehört, gab das Gerät plötzlich ein lautes PLING-PLING von sich und auf dem kleinen Bildschirm erschien eine Schrift:

PLING-PLING!

Lieber Nick,
herzlichen Glückwunsch zum Geburtstag.
Hab einen wunderschönen Tag mit deiner
lieben Familie und grüße alle sehr herzlich von mir.
Der Spardino ist mein Hauptgeschenk. Das Gerät, das
du in den Händen hältst, gehört dazu. Es ist ein
sogenannter „Index" und er ermöglicht es uns,
Kontakt miteinander aufzunehmen. Ich will dir damit
von Zeit zu Zeit Tipps schicken, die dir helfen, Geld
zu sparen, damit du dir deine Wünsche selbst erfüllen
kannst. Der Dino ist ein lieber Freund von mir, hat
aber schwere Zeiten hinter sich. Sei gegebenenfalls
ein bisschen nachsichtig mit ihm und gib gut auf ihn acht.
Küsschen,
deine Patentante Brünhilde

PS: Das Wichtigste hätte ich beinahe vergessen!!!
Mit den Goldmünzen musst du aufpassen!!!
Wirf sie keinesfalls in den Dino, bevor ich dich dazu
auffordere!!! VERSPRICHST DU MIR DAS, NICK?!! Danke.

2 Goldglanz

So sehr sich Nick im ersten Moment gefreut hatte, so wenig wusste er jetzt, was er von diesem *Index* halten sollte. Kaum hatte er die Nachricht von Tante Brünhilde gelesen, war das Gerät wieder ausgegangen – und nichts konnte es zum Leben erwecken.

„Ist das echt – oder ist das nur ein Spielzeug?", fragte Lisa neugierig.

„Ich glaube, das ist ein Spielzeug."

Nick war so enttäuscht wie die Mutter erleichtert.

„Ach so", sagte sie. „Na dann …"

„Ich finde die Idee mit der Spardose übrigens gar nicht so übel", sagte der Vater. „Ich hätte da einen Vorschlag." Er zog seinen Geldbeutel aus der Tasche und überreichte Nick ein paar Münzen. „Das ist schon mal ein Vorschuss auf dein nächstes Taschengeld. Es ist nicht viel, aber Kleinvieh macht ja schließlich auch Mist, nicht wahr?"

Plötzlich meldete sich der Index wieder:

PLING – PLING!

Lieber Nick,
hier kommt mein erster Tipp: Der große Sandberg.

Reichtum kommt von Sparen, und Sparen fängt immer klein an. Wenn man einen riesigen Sandberg schippt, beginnt man ja auch mit einer einfachen Schaufel Sand. So ist es auch mit dem Sparen: Stück für Stück wird der Geldberg größer. Am Ende staunt man dann, wie groß der Berg geworden ist.

Nanu? Hatte der Index ihnen zugehört? Funktionierte der etwa gar nicht mit Knöpfen, sondern mit Sprachsteuerung? Musste man was sagen, damit er antwortete?

„Index?", versuchte es Nick. „Hallo?"

Doch anstatt eine Antwort zu geben, schaltete sich der Index wieder ab.

„Blödes Teil", murmelte Nick enttäuscht und steckte ihn in die Tasche. Die Idee mit dem Geldberg gefiel ihm allerdings. „Wie viel Taschengeld muss ich in den Dino stecken, damit ich so reich werde wie Tante Brünhilde?", überlegte er. „Ich will mir ja vielleicht auch mal ein Eis davon kaufen oder irgendetwas anderes."

„Brünhilde hat früher immer die Hälfte von allem gespart", erinnerte sich der Vater. „Für den Rest hat sie was gekauft. Immerhin ist sie heute die reichste Frau der ganzen Familie. Da muss also wohl was dran sein."

„Dann mache ich es auch so", entschied Nick und steckte die Hälfte von Papas Münzen zum Index in die Hosentasche. Die andere Hälfte ließ er über die Murmelbahn in den Dino kullern.

„Ich will jetzt auch mal!", kreischte Lisa.

„Wünsch dir doch selbst einen von Tante Brünhilde", sagte Nick.

Man konnte den Spardosenbauch des Dinos zwar aufmachen, aber Nick wollte das nicht.

„Gespart ist gespart", sagte er. „Und das ist ja schließlich auch der Sinn der Sache."

Lisa blickte ihn zornig an. Einer ihrer verheerenden Wutausbrüche stand unmittelbar bevor, so viel war klar.

Doch die Mutter fuhr dazwischen.

„Jetzt wird erst einmal gefrühstückt", sagte sie.

„Prima!", freute sich Nick, denn er hatte Hunger. Dann hörte er, wie etwas in seine neue Spardose kullerte.

„Lisa!!!"

Die Kleine hatte sich unbemerkt eine der Goldmünzen geschnappt, sie in den Dino gesteckt und beobachtete nun gebannt, wie sie die gewundene Bahn hinunter in den durchsichtigen Bauch lief. Es klirrte leise, als die Münze unten ankam.

„Das macht total Spaß!", fand sie.

„Das ist *mein* Spardino!", schimpfte Nick.

„Bäh!" Lisa zeigte Nick eine lange Nase, rutschte vom Stuhl und rannte davon.

In diesem Moment bemerkte Nick etwas Seltsames: In der Spardose hatte etwas golden aufgeleuchtet. Es war kein normales Glitzern, sondern ein flimmerndes, flirrendes Licht aus tiefster Tiefe. Es sah aus wie eine kurz aufleuchtende Lampe. Aber da war keine Lampe im Dinobauch.

Nick sah noch mal genauer hin, doch der magische Goldglanz war verschwunden. Hatte er sich geirrt?

„Habt ihr das auch gesehen?", fragte er die Eltern.

„Was meinst du?"

„Das Licht."

„Ach ja, das Licht." Papa zeigte aus dem Fenster. „Was für ein schöner Sonnentag. Dann wird es ja was mit der Eisdiele!"

Nick beließ es dabei. Die Goldmünze würde er gleich nach dem Frühstück wieder herausholen.

Warum war es Tante Brünhilde eigentlich so wichtig damit?

Egal.

Nach dem Frühstück wollte Nick noch schnell eine Runde mit seinem neuen Fahrrad fahren. Als er wieder zurück kam, hatte er die Goldmünze ganz vergessen. Nachmittags war sowieso keine Zeit, daran zu denken, denn da fand ein Kindergeburtstag statt. Nick hatte eine ganze Menge Freunde, und sie kamen alle.

Der Eisdielenbesuch war der wichtigste Programmpunkt. Selbstverständlich brauchte Nick gar nichts zu bezahlen – nicht heute an seinem Geburtstag. Das erledigten alles seine Eltern.

„Wieder was gespart!", freute sich Nick.

Wieder zu Hause ließ er die gesparten Münzen in den Dino kullern, um ihn seinen Freunden zu zeigen.

Wie ein Rausch zog der Tag vorüber und als die Familie abends wieder zusammensaß, waren alle zufrieden:

Nick, weil es ein schöner Geburtstag gewesen war. Lisa, weil sie jede Menge Eis abbekommen hatte. Und die Eltern schließlich, weil ihr Sohn schon so groß war.

„Er ist schon ganz schön erwachsen", meinte der Vater, „findest du nicht? Komm, lass uns darauf anstoßen."

„Ja", sagte die Mutter und holte Sektgläser aus dem Schrank.

Genau genommen war es gar kein Schrank, sondern ein stabiler alter Tresor in der Wand. Er war schon immer da gewesen. Jemand hatte ihn vor langer Zeit einbauen lassen und – den Spuren an der Tapete nach zu urteilen – ein Bild davorgehängt. Aber das Bild war inzwischen ebenso verschwunden wie alle Schlüssel zum Abschließen. Darum diente der Tresor nur noch als sicherer Aufbewahrungsort für alte Kristallgläser. Mehr passte gar nicht hinein, dafür war der Tresor innen viel zu flach.

Immerhin hätte Lisa schon über einen Stuhl auf die Kommode mit dem Silberbesteck klettern müssen, um die stets angelehnte Tresortür aufzuschieben. Auf die Idee war sie zum Glück noch nicht gekommen und so waren die kostbaren Erbstücke hier einigermaßen sicher vor ihr. Selbst dann, wenn sie mal wieder Fußball im

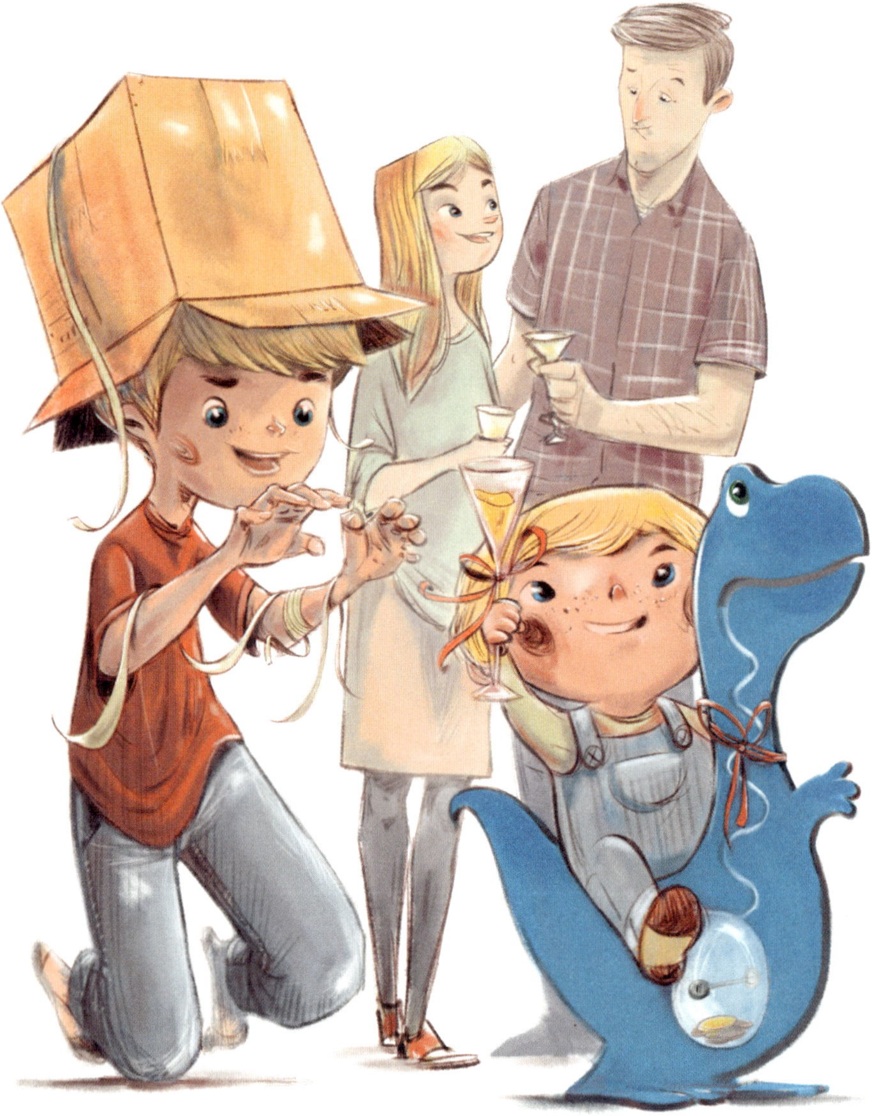

Wohnzimmer spielte oder wie verrückt auf ihrem feuerroten Rollauto durchs Wohnzimmer raste. Das ruinierte zwar das Parkett, aber die Gläser blieben unversehrt.

Nick und Lisa bekamen auch eins überreicht, allerdings war kein Sekt darin, sondern Orangensaft.

„Auf dein Wohl, mein Großer!", sagte der Vater und stieß mit Nick an.

„Zum Wohl!", sagte Nick.

„Zum Wohl!", sagte auch die Mutter.

„Na prost!", sagte Lisa, denn sie wusste, dass es jetzt ins Bett ging.

Nick durfte länger aufbleiben, doch irgendwann war es auch für ihn so weit. Zuvor positionierte er aber noch all seine Geschenke um sein Bett: Den Spardosen-Dino stellte er auf den Boden, das Messer, der Index und alles andere kam auf den Nachttisch. Nur das Fahrrad blieb im Keller, wo er es abgestellt hatte.

Dann zog Nick den Schlafanzug an und sank froh und müde ins Bett. Zum ersten Mal seit Tagen schlief er auf der Stelle ein, ohne vorher lange wach zu liegen.

Der Geburtstag war vorüber.

Und die Aufregung auch.

3 Das geheime Tor

PLING-PLING!

Nick fuhr aus dem Schlaf. Was war das? Der Index hatte sich gemeldet. Mitten in der Nacht!

Schlaftrunken blickte Nick auf den Wecker. Es war genau Mitternacht. Schwach leuchtete der Index-Bildschirm das Zimmer aus. Nick griff nach ihm. Es dauerte einen Moment, bis sich seine müden Augen an das Leuchten des Bildschirms gewöhnt hatten. Dann las er:

Lieber Nick,
bitte vergiss nicht, dass du auf KEINEN FALL den Dino mit den drei Goldmünzen füttern darfst!!! Es ist SEHR WICHTIG, dass du mir das versprichst, ja?!! Danke!!!
Ein bisschen in Sorge,
deine Tante Brünhilde
PS: Du kannst mir auch Botschaften über den Index schicken. Sprich ihn an und sag: „Hallo, Index",
dann schaltet er sich ein. Manchmal jedenfalls.
Die verflixte Technik muss noch verbessert werden ...

Verflixt, die Goldmünze! Die hatte Nick doch noch aus dem Dino holen wollen! Irgendwie konnte man den Dinobauch ja öffnen. Aber der Dino war gar nicht da.

Nanu?!

Hatte Nick den Dino nicht direkt neben das Bett gestellt?

Doch, hatte er, da war er sich ganz sicher.

Und jetzt? Jetzt waren dort nur noch Spuren. Goldene Spuren, die gespenstisch im Dunkeln leuchteten und langsam schwächer wurden. Sie führten aus der Tür.

„Komisch", murmelte Nick.

He, warum stand eigentlich die Tür offen?

Und tapste da nicht jemand im Flur herum?

Doch, eindeutig!

Nick wusste sofort, wer das war.

„Lisa!", zischte er. „Na warte!"

Die Decke rutschte auf den Boden, als Nick aus dem Bett stieg. Ihn fröstelte, vor allem an den Füßen war es kühl. Darum schlüpfte er eilig in seine Schuhe, steckte den Index in die Hosentasche seines Schlafanzugs und schlich aus dem Zimmer.

Im Flur waren noch mehr von diesen Goldspuren zu sehen. Sie führten geradewegs zu Lisas Zimmer.

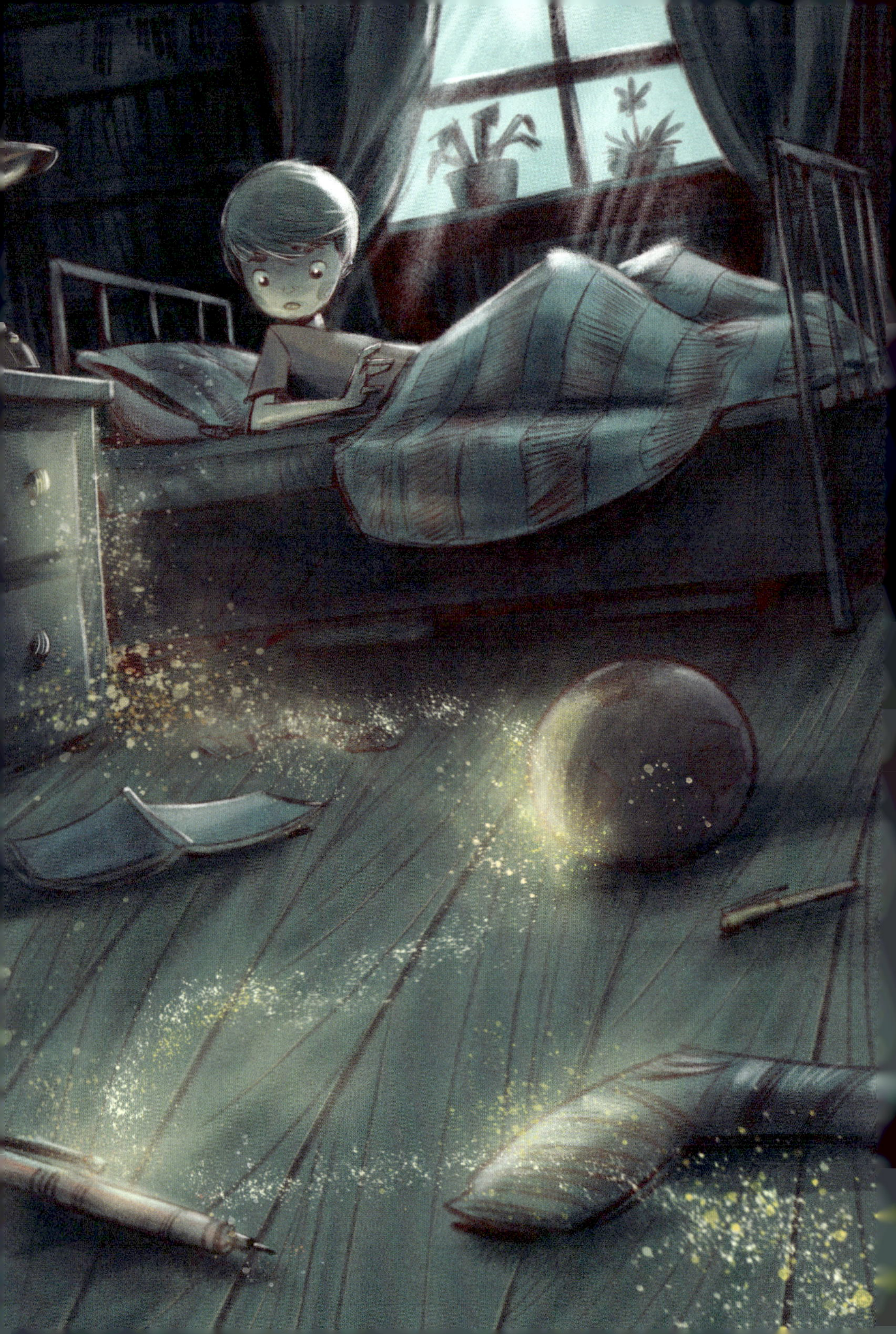

Doch als Nick hineinstürmte, sah er, dass Lisa brav im Bettchen lag und an ihrem Schnuller nuckelte. Dabei schnarchte sie wie ein Traktor mit Motorschaden.

Nanu, nanu, nanu?!

Da! Schon wieder dieses Tapsen im Flur!

War da etwa ein Einbrecher im Haus?

Nick erschrak bei dem Gedanken.

Was wollte der denn hier? Sein neues Fahrrad klauen? Tante Brünhildes Goldmünzen? Oder hatte er es auf seinen Dino abgesehen?

Das würde allerdings erklären, warum die Spardose verschwunden war.

Nicks Neugierde überwog die Angst. Vorsichtig linste er aus der Tür in den Flur. Die alte Goldspur war erloschen, doch dafür war jetzt eine neue Spur zu sehen, die umso heller strahlte. Doch auch sie verlor ihren Glanz schon wieder, man konnte ihr regelrecht dabei zusehen. Irgendjemand war hier just in dem Moment vorbeigeschlichen, als Nick in Lisas Zimmer gewesen war.

Die Spur führte am Schlafzimmer der Eltern vorbei zur großen Treppe und hinunter ins Wohnzimmer mit dem großen Esstisch.

Die Tür zum unteren Flur stand offen.

War der Einbrecher jetzt in der Küche?

Oder im Keller?

Nick kannte sich hier besser aus als alle Einbrecher der Welt. Er wusste genau, wie man geräuschlos die Treppe hinunterkam und auf welcher Seite die Tür aufging, damit man sich dahinter verbergen konnte. Vom Wohnzimmer ging es in den Flur. Die goldene Spur führte tatsächlich in die Küche. Durch die offene Tür drang Licht.

In seinem Schein sah Nick nun den Einbrecher …

Der aber eigentlich gar kein Einbrecher war …

… sondern der Dino.

Der *lebendige* Dino wohlgemerkt, denn lebendig, das war er! Wieder glitzerte es geheimnisvoll in seinem Bauch, wie Nick es zuvor am Morgen gesehen hatte, allerdings viel heller und regelmäßiger. Noch hatte der Dino Nick nicht bemerkt. Er tapste hin und her, zog die Schranktüren auf und blickte hinein. Auch hier hinterließ er diese merkwürdigen Leuchtspuren.

Vor so einem kleinen Einbrecher musste Nick keine Angst haben. Darum stellte er sich breitbeinig in die Tür und fragte: „Suchst du was?"

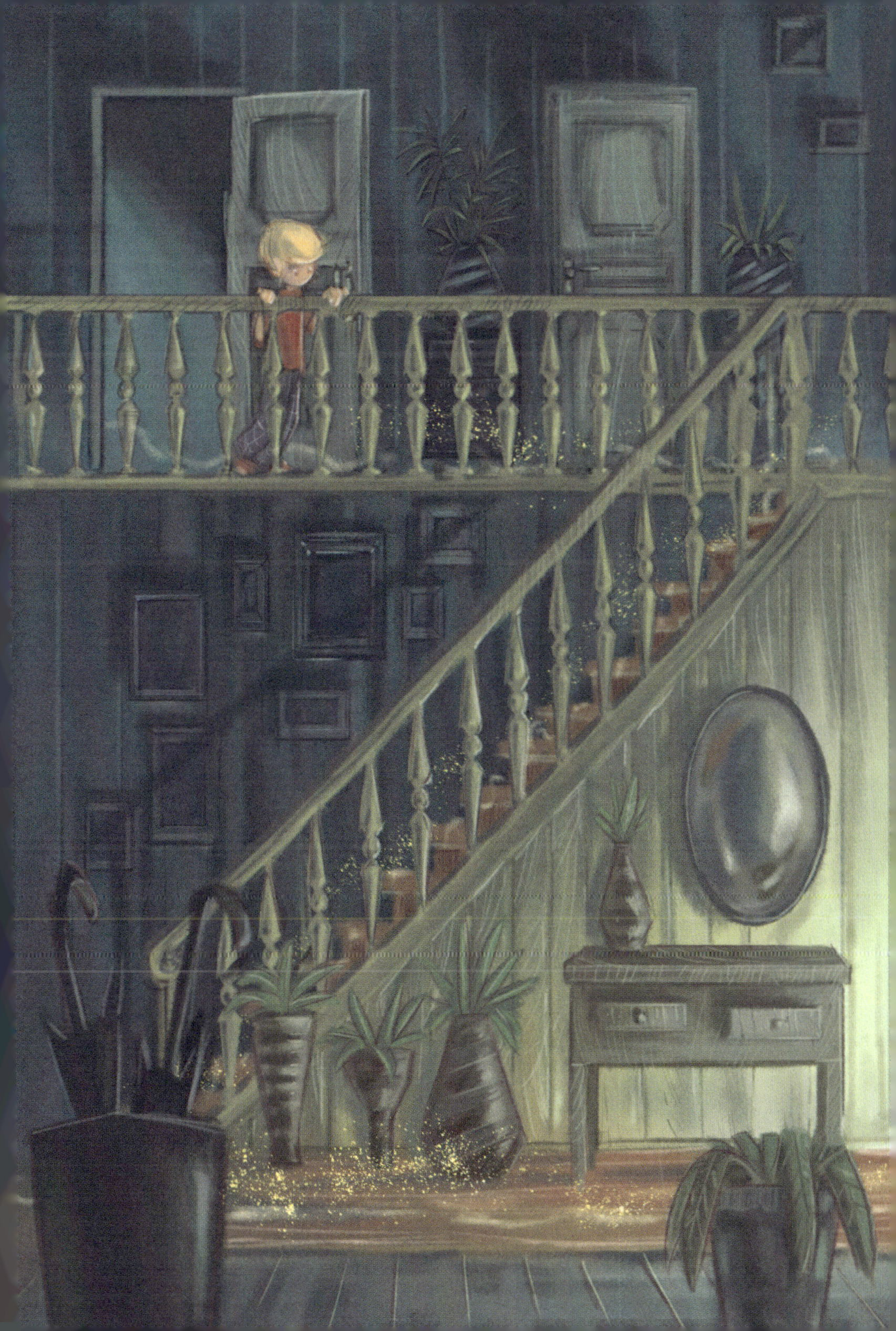

Der Dino schien kein bisschen verwundert oder erschrocken zu sein, als Nick ihn ansprach. Treuherzig watschelte er mit seinen großen, platten Füßen auf ihn zu, blickte zu ihm hinauf und sagte:

„Das Tor suche ich. Hast du es zufällig gesehen?"

„Du kannst sprechen?!" Nick hatte nicht erwartet, eine Antwort zu bekommen.

Der Dino nickte. „Du ja auch", sagte er. „Ist ganz normal."

„Du findest es normal, dass Spardosen sprechen können?", fragte Nick verdattert nach.

Der Dino blickte ihn verständnislos an. Er schien die Frage nicht zu verstehen. „Selbstverständlich", sagte er dann. „Also, was ist? Hast du das Tor jetzt gefunden – oder nicht?"

„Welches Tor meinst du überhaupt?"

„Na das geheime. Nach *Monetia*." Der Dino verdrehte die Augen, als sei dieses Tor die selbstverständlichste Sache der Welt. „Es zeigt sich jeder Spardose, die eine Goldmünze intus hat, das weiß doch jedes Kind. Und ich suche es. In der Küche ist das Tor allerdings nicht."

„Das wüsste ich auch", sagte Nick. „Was ist das überhaupt – Monetia?"

„Das ist doch, wo ich herkomme." Der Dino zog gerade die Schublade unter dem Ofen auf und blickte hinein. Die Backförmchen, die dort aufbewahrt wurden, klapperten. „Auch nicht …"

„Wie kommt es überhaupt, dass du plötzlich lebendig bist?", fragte Nick.

„Ich … Ich …" Der Dino überlegte. „Ich hab's vergessen. Glaube ich jedenfalls. Da ist jede Menge Unordnung drin…" Er klopfte sich an den Kopf.

DOING-DOING-DOING!

„Ich kann mich nur noch an Mister Ki erinnern. Es war im Land der Spardosen …"

„Du meinst Monetia?", unterbrach ihn Nick.

Der Dino nickte.

„Und weiter?"

„Nichts weiter." Traurig blickte der Dino zu Boden. „Hab's vergessen."

Dann tapste er an Nick vorbei aus der Küche in den Flur. Von dort aus linste er kurz ins Klo und watschelte dann weiter Richtung Wohnzimmer. Bei jedem Schritt klimperten leise die Münzen in seinem durchsichtigen Bauch. So richtig gut zu Fuß war der Dino nicht mit seinen großen, platten Füßen. Und auch die leuchtenden Goldspuren, die sie hinterließen, verglommen schnell wieder.

Nick folgte ihm.

„Hast du eigentlich auch einen Namen?", wollte er wissen.

Zurück im Wohnzimmer blieb der Dino stehen und kratzte sich nachdenklich am Kopf. „Ich glaube schon", versuchte er, sich zu erinnern. „Als meine Mama mich geboren hat, war ich in einem Ei. Sie hat aber noch 25 weitere Eier gelegt. Bei so vielen kommt man schon mal durcheinander. Deshalb hat sie auf jedes Ei einen Buchstaben aus dem Alphabet geschrieben und sich für jedes einen Namen ausgedacht:

A für Agio.

B für Bonus.

C für Centime.

D für Dinaro.

E für Euro.

F für Fränkli.

G für Guldula.

H für Hunni …"

„Und wie heißt *du*?", unterbrach Nick die Aufzählung.

„Ich kam aus dem Ei mit dem D", war die Antwort. „Ich bin der Dino *Dinaro*."

„Dinaro", wiederholte Nick. „Gut. Und ich heiße Nick."

„Du bist nett", erklärte Dinaro. „Du hilfst mir beim Suchen – wie meine Freunde in Monetia. Ultimo, die gute Fee, Euribor … Kennst du die zufällig?"

Nick schüttelte den Kopf.

Er kannte weder einen Ultimo noch jemanden namens Euribor.

„Mister Ki will ihnen ans Eingemachte", erklärte Dinaro. „Oder kennst du den etwa auch nicht?"

„Kein bisschen", sagte Nick.

„Den kennt doch aber jeder."

„Ich nicht."

„Sei froh." Dinaro seufzte. „Er stellt uns Fallen und …" Dinaro machte eine Pause, um nachzudenken.

„Ja … und …?", wiederholte Nick gespannt.

„Und den Rest weiß ich nicht mehr."

DOING-DOING-DOING!

Ratlos klopfte sich Dinaro an den Kopf.

„Irgendwas ist da drin passiert", klagte er. „Meinst du, wir finden die gute Fee, damit sie mir helfen kann?"

„Gute Fee?", wunderte sich Nick. „Was für eine gute Fee denn?" Er verstand von allem, was Dinaro sagte, maximal die Hälfte. „So eine mit langen blonden Haaren? Und mit Zauberstab und Märchenschloss?"

„Eher mit Krankenhaus", sagte Dinaro.

„Aha." Nick fand, dass es komisch klang: eine gute Fee mit Krankenhaus. „Kann sie denn wenigstens zaubern?

Dann könnte sie mir vielleicht ein richtiges Smartphone herbeizaubern."

„Weiß ich nicht so genau." Dinaro klopfte sich erneut gegen den Kopf.

DOING-DOING-DOING!

„Alles weg da drin, alles vergessen. Und deshalb muss ich durch das geheime Tor zurück nach Monetia. Zum Glück habe ich es gerade gefunden."

„Wie?", staunte Nick. „Wo soll denn hier ein Tor sein?"

„Da vorn." Dinaro watschelte geradewegs auf die Kommode mit dem Silberbesteck zu.

„Ich sehe da kein geheimes Tor", gestand Nick kopfschüttelnd.

„Dann wäre es ja auch nicht geheim!", entgegnete Dinaro, während er den Stuhl neben die Kommode schob, um hochzuklettern. Leider war er dafür zu klein.

„Jetzt hilf mir doch mal!", forderte er Nick vorwurfsvoll auf. „Freunde helfen sich immer. Und du bist doch mein Freund. Oder etwa nicht?"

Nick zuckte mit den Schultern. „Meinetwegen", sagte er.

Er setzte Dinaro erst auf den Stuhl und half ihm dann mit einem kleinen Schubs auf die Kommode.

Von hier aus versuchte der Dino, die Tresortür zu öffnen. Sie war zwar nur angelehnt, aber trotzdem viel zu schwer für solch einen kleinen Kerl. Auch hier konnte Nick helfen.

Doch wie staunte Nick, als die Tür zur Seite schwang, denn plötzlich war Licht im Tresor. Es war von genau derselben glitzergoldenen Farbe wie das Licht in Dinaros Bauch und nicht besonders stark. Bei Tag hätte man es kaum bemerkt. In der Ferne wurde es allerdings heller. Hinter der Tresortür war jetzt ein lang gestreckter Höhlengang, der Nick noch nie zuvor aufgefallen war. Kein Wunder, denn eigentlich war da auch kein Höhlengang möglich! Das Haus war gar nicht lang genug für so was.

Nick warf einen Blick aus dem Fenster, da war alles wie sonst: der Garten, der Nachbargarten, die Straßenlaterne hinter der Hecke …

Wieder blickte Nick in den Tresor und sah den langen Höhlengang.

Am allermerkwürdigsten aber war, dass von den kostbaren Gläsern, die hier normalerweise standen, nicht die geringste Spur zu sehen war. Auch keine Scherben. Das Ganze schien irgendwie … verzaubert.

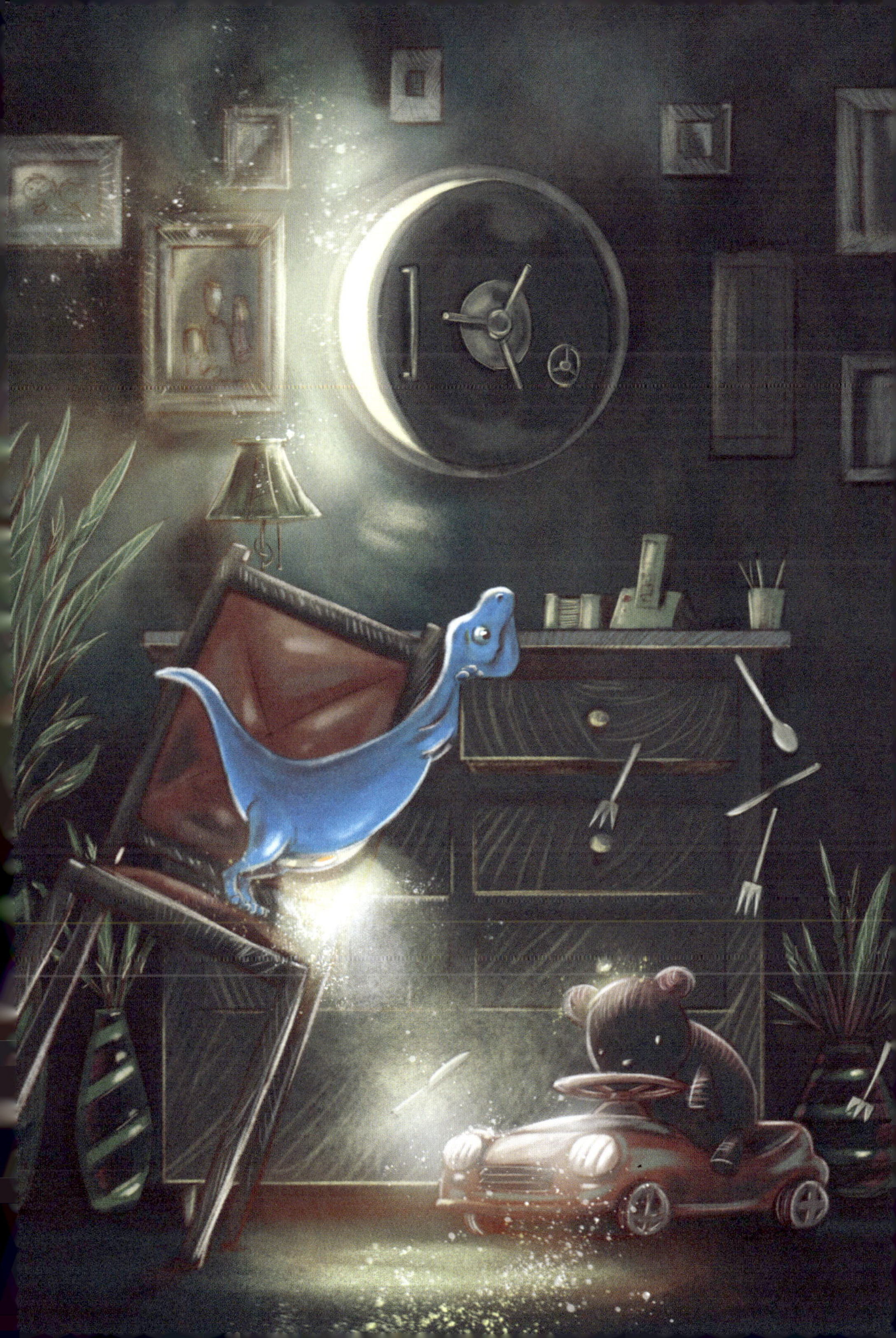

„Was ist jetzt? Hilfst du mir oder nicht?", fragte Dinaro, Allein kam er nicht von der Kommode in den Tresor.

Gehorsam hievte Nick ihn hoch und schon watschelte Dinaro in den Gang.

„He! Und was ist mit mir?", rief Nick ihm hinterher.

In diesem Moment meldete sich der Index:

PLING-PLING!

Zwei Seiten

Die meisten Dinge haben zwei Seiten, wie auch jede Münze und jede Tür. Es gibt vorn und hinten, hell und dunkel oder voll und leer. Wie ist es wohl mit einer Spardose, wenn sie bis zur Hälfte mit Münzen gefüllt ist: Ist sie dann halb voll oder halb leer? Sie ist zumindest nicht ganz leer. Immerhin ist schon eine ganze Menge drin.

Es kommt ganz darauf an, wie man eine Sache ansieht, um damit zufrieden zu sein.

Oder eben nicht.

Nick warf nur einen flüchtigen Blick auf die Nachricht.

Dinaro war schon ein gutes Stück voraus.

Halb voll, halb leer, schoss es ihm durch den Kopf.

Bleiben oder hinterher?

Tresortür offen lassen oder zumachen?

Hier waren Entscheidungen gefragt.

Noch einmal blickte sich Nick um: Hinter ihm war das Wohnzimmer mit dem Esstisch und der Treppe nach oben, vor ihm der Höhlengang mit dem Dino und zwischendrin er selbst.

„Kommst du denn nicht mit?", rief Dinaro ihm zu.

Er klang enttäuscht.

Dinaro sagte noch etwas, was Nick aber schon nicht mehr verstand, weil der Dino schon zu weit in den Höhlengang vorgedrungen war.

Da kroch Nick in den Tresor.

Er hatte sich entschieden.

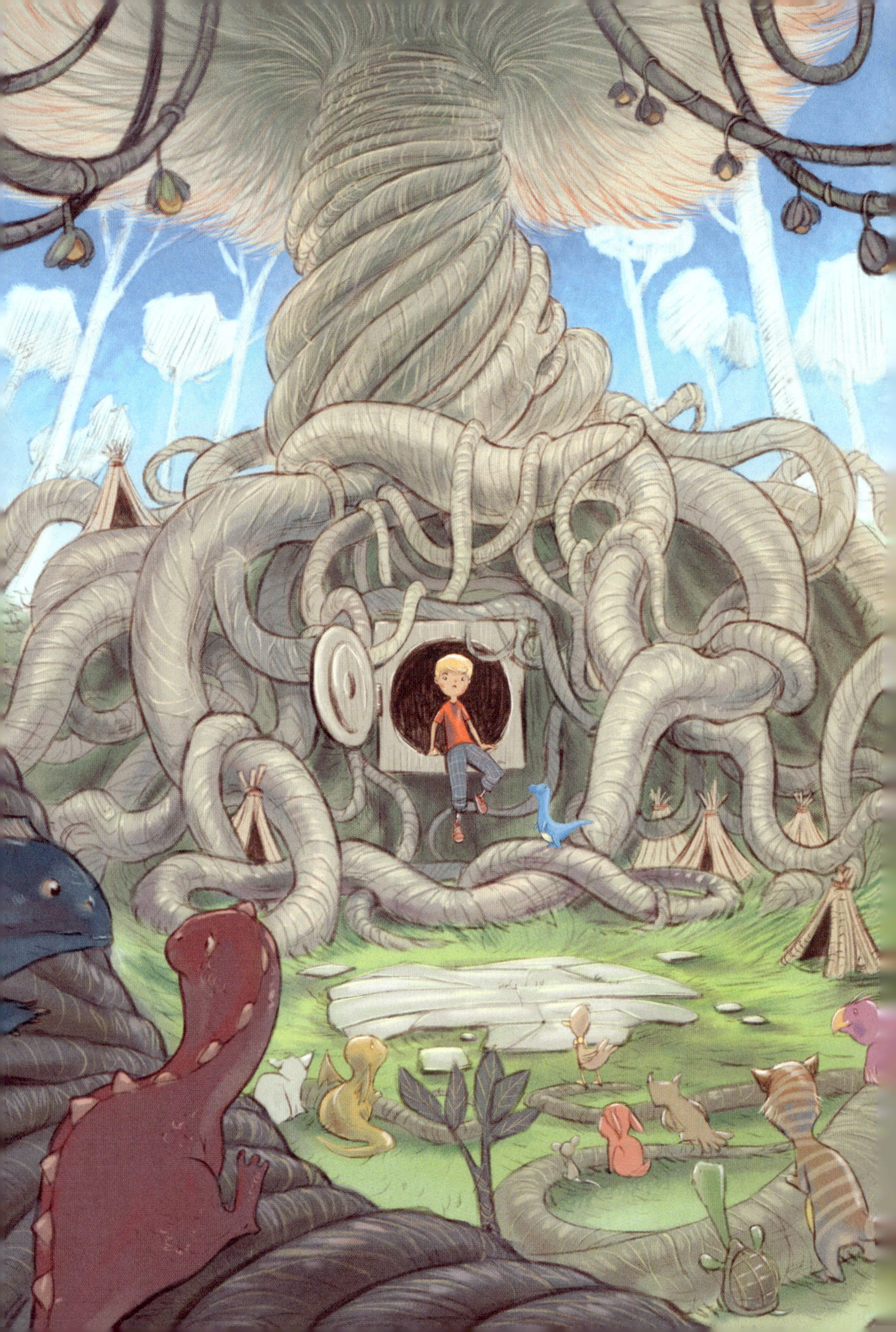

4 Das Dorf Pekunia

So kamen Nick und Dinaro in das Land Monetia. Hier lebten die Spardosen in freundschaftlicher Gemeinschaft, obwohl sie völlig unterschiedlich aussahen: Manche waren einfache Blechbüchsen mit einem Schlitz, andere kunstvoll gearbeitete und zerbrechliche Kostbarkeiten aus feinstem Porzellan. Die einen waren schwarz und groß, die anderen weiß und klein. Oder sie waren rot, blau, gelb, grün, lila, orange, gestreift oder gepunktet. Manche sehen aus wie Spielzeughäuser, andere wie Flugzeuge, Autos, Bücher oder Tiere. Es gab Eulen, Katzen, Kamele und überhaupt jede Tierart, die man sich nur vorstellen konnte.

Auch eine Ente war darunter. Sie war Bürgermeisterin des Dorfs *Pekunia*, in dem Nick und Dinaro soeben angekommen waren.

„Herzlich willkommen, quakquak", begrüßte sie die beiden. „Mein Name ist *Valuta*, quak, und ich freue mich über euren Besuch. Fühlt euch wie zu Hause."

Staunend blickte Nick sich um.

Man musste schon ziemlich genau hingucken, um zu sehen, dass sich hier im Unterholz eines Wäldchens ein Dorf verbarg. Es bestand größtenteils aus Zelten, in denen die größeren Spardosen bei Nacht und Regen Schutz suchten. Die kleineren bevorzugten Baumwurzeln und Erdhöhlen, in denen sie es sich gemütlich machten.

Alles an Pekunia war einfach und unauffällig. Wer nur zufällig des Weges kam, würde es kaum entdecken. Ins Auge fiel lediglich die Tresortür, die zwischen den verschlungenen Wurzeln eines alten Baumes hervorlugte. Hier waren Nick und Dinaro soeben herausgestiegen. Jetzt standen sie auf einer kleinen Lichtung, die der Dorfplatz war.

Nick blinzelte im Licht der Sonnenstrahlen.

Gerade noch war es dunkle Nacht für ihn gewesen. Er war Dinaro gefolgt und plötzlich war alles ganz anders. Die Sonne schien und um sie herum versammelten sich die Bewohner Pekunias.

Im Augenblick versteckten sie sich allerdings kein bisschen. Im Gegenteil, im Augenblick trieben sich alle Bewohner auf dem zentralen Dorfplatz von Pekunia herum, um Nick zu begaffen, der wie ein Riese zwischen ihnen stand. Alle hinterließen sie diese Goldspuren, die im Glanz der Sonne allerdings kaum zu sehen waren.

„Bist du etwa Mister Ki?", wollte eine besonders neugierige Mäuse-Spardose wissen, die Nick am Hosenbein zupfte.

Sie gehörte zur Sorte der abschließbaren Spardosen: Ihren Schlüssel trug sie an einer Kette um den Hals. Das war hier durchaus üblich, denn nicht alle Spardosenbäuche waren durchsichtig wie bei Dinaro. Und man wollte ja vielleicht mal nachsehen, was sich darin befand.

„Ich will wissen, ob du Mister Ki bist!", wiederholte die kleine Mäuse-Spardose ihre Frage.

„Quatsch, quakquak", lachte die Ente Valuta. „Wenn das Mister Ki wäre, wären wir hier nicht so fröhlich."

„Und wer ist das dann?" So schnell wollte die Mäuse-Spardose nicht aufgeben. Herausfordernd zog sie an Nicks Schnürsenkel.

„Er ist mein Freund und heißt Nick", antwortete Dinaro.

„Aha", sagte die kleine Mäuse-Spardose. „Hallo, Nick. Ich heiße *Portfolino*."

Nick bückte sich und reichte der Maus seinen kleinen Finger, den sie mit derselben Begeisterung ergriff und schüttelte, als wäre es eine Hand. „Hallo, Portfolino", sagte er. „Was ist denn so schlimm an Mister Ki?"

Ein Raunen ging durch die Reihen der Spardosen.

„Mister Ki ist niemand, den du kennen solltest, quak", sagte Valuta. „Er wohnt in einem Palast, der *Dispo* heißt. Freiwillig wagt sich dort niemand hin."

„Ich war trotzdem mal dort", entfuhr es Dinaro.

„Du?" Alle blickten ihn an.

„Und wie kommt es dann, dass du jetzt hier bist?", quakte Valuta. Besorgt inspizierte sie den durchsichtigen Bauch von Dinaro. Doch als sie die Goldmünze darin entdeckte, beruhigte sie sich wieder.

„Warum ich hier bin?" Dinaro dachte nach und klopfte sich mal wieder an den Kopf.

DOING-DOING-DOING!

„Hab's vergessen", murmelte er dann traurig. „Ich erinnere mich nur, dass ich bei Nick war. Und dass ich Ultimo warnen wollte. Und die gute Fee. Und …"

„Oh weh, quakquak!", unterbrach ihn Valuta entsetzt. „Dann weißt du es also noch gar nicht?"

„Was meinst du?" Dinaro verstand die Frage nicht.

„*Plus* und *Minus*, ihr zwei", sagte Valuta zu zwei Spardosen, die aussahen wie kleine Drachen, „kommt, erzählt es ihm!"

Betreten traten die beiden vor. Einer war rot, der andere war blau.

„Ich war selbst dabei", begann Plus.

„Nein, *ich* war selbst dabei", widersprach Minus.

Denn so war es immer mit den beiden: Wenn der eine etwas sagte, sagte der andere automatisch das Gegenteil.

„Ihr wart *beide* mit dabei", lenkte Valuta ein.

„Richtig", sagte Plus.

„Nein, falsch", entgegnete Minus.

Valuta quakte: „Es war jedenfalls sehr mutig von euch, dass ihr euch bis zum kahlen Baum vorgewagt habt, um zu erforschen, was Mister Ki im Schilde führt."

„So kahl ist er nun auch wieder nicht, der kahle Baum", fand Plus.

„Oh doch, das ist er!", sagte Minus.

„Nein!"

„Doch!"

„Nein!"

„Doch!"

So ging es eine Weile hin und her, bis Plus schließlich sagte: „Es war jedenfalls eine Falle."

„Nein, es war *keine* Falle", widersprach Minus sofort. „Und falls es doch eine Falle war, so wäre ich beinahe hineingelaufen."

„Nein, *ich* wäre beinahe hineingelaufen", kam es von Plus.

„Ihr wärt *beide* beinahe hineingelaufen", sagte Valuta.

„Na schön." Minus nickte. „Aber Ultimo war schneller. Überhaupt ist er viel schneller als ich."

„Nein, er ist schneller als *ich*!", widersprach Plus. „Er ist der schnellste Hund von ganz Monetia und hat mich so vor einem traurigen Schicksal bewahrt."

„Quatsch!" Ärgerlich stampfte Minus mit dem Fuß auf den Boden. „*Mich* hat er vor einem traurigen Schicksal bewahrt!"

„Nein, mich!"

„Nein, mich!"

„Nein, mich!"

Die beiden konnten ganz schön nervig sein. Mit der Zeit aber kam heraus, was sie eigentlich erzählen wollten: Sie waren gemeinsam unterwegs gewesen mit *Ultimo*, der pfeilschnellen Hunde-Spardose, als sie auf dem Boden eine Münze fanden. Sie lag mitten auf dem Weg. Plus hatte sie aufgehoben und in seinen Sparschlitz gesteckt. Aber da war noch eine Münze gewesen, die hatte sich Minus gierig einverleibt. Und noch eine. Und noch eine. Ganz viele. Eine regelrechte Spur war das gewesen.

Ultimo hatte sofort die Witterung aufgenommen und war dieser Spur ins Gebüsch gefolgt. Kurz darauf hörten Plus und Minus nicht weit entfernt Krach und Gebell und versteckten sich. Erst nach einer ganzen Weile wagten sie sich wieder hervor und fanden eine zerstörte Bodenfalle.

Ultimo war verschwunden.

„Die Falle ist der Beweis, dass es die Leute von Mister Ki waren", beendete Plus die Erzählung. „Sie haben sich Ultimo geschnappt und nach Dispo verschleppt."

Dieses Mal widersprach ihm Minus nicht.

Und auch keine andere Spardose sagte etwas, bis Valuta murmelte: „Ich wünschte, wir könnten Ultimo helfen. Und all den anderen. Aber wie stellen wir das an?"

Wieder Stille. Mitten hinein machte es plötzlich:

PLING-PLING!

Der allergrößte Wunsch
Was ist eigentlich dein allergrößter Wunsch?
Irgendwann musst du beginnen, dafür zu sparen, um
dein großes Ziel zu erreichen. Aber dann weißt du
auch stets, wofür du das Sparen auf dich nimmst.
Vielleicht will dir ja auch jemand dabei helfen?
Wenn du zum Beispiel deinen Verwandten sagst, was
genau dein großes Sparziel ist, werden sie dich
bestimmt viel lieber unterstützen, als wenn du
einfach nur um Geld bittest.

Alle Blicke richteten sich auf Nick, der den Index in der Hand hielt und die Nachricht von Tante Brünhilde las. Was schrieb sie da nur schon wieder? Warum tat sie so geheimnisvoll? Und was würde sie wohl sagen, wenn sie erfuhr, dass Lisa die Goldmünze in den Spardino geworfen hatte? Und dass er jetzt in Monetia war? Er konnte nichts dafür. Trotzdem fühlte Nick sich schuldig, weil er vergessen hatte, die Münze wieder herauszuholen.

Und jetzt?

Sollte er versuchen, Tante Brünhilde mit dem Index eine Nachricht zu schicken? Eine, die alles erklärte? Aber würde sie ihm denn glauben, wenn er ihr von den lebendigen Spardosen erzählte? Würde sie ihn auslachen? Würde sie womöglich schimpfen? *Wusste* sie womöglich davon?

Fragen über Fragen, auf die Nick keine Antwort wusste. Darum steckte er den Index erst einmal wieder in die Tasche.

5 Der Knopf

Für Dinaro war die Sache klar: „Wir müssen Ultimo aus den Fängen von Mister Ki befreien. Denn er ist mein Freund und Freunden muss man helfen." Ernst blickte er zu Nick auf. „Und du? Bist du jetzt mein Freund oder nicht? Eigentlich sind in Monetia immer alle automatisch Freunde voneinander. Außer Mister Ki und seine Leute. Aber auch nur deswegen, weil sie es nicht wollen."

„Okay, dann bin ich auch dein Freund", sagte Nick. „Ich komme mit."

Und so machten sich die beiden auf den Weg. Er führte durch eine hübsche Landschaft mit Wiesen und Wäldern. Auf seinen Watschelbeinen kam Dinaro nicht so schnell voran und so konnte sich Nick in aller Ruhe umgucken.

Die Spardosen, die in Monetia lebten, waren klein, die Bäume und Büsche hingegen so groß, wie Nick es von zu Hause kannte. Allerdings wuchsen keine Früchte daran, sondern Münzen, die herabfielen, wenn sie reif waren. Unter einer Baumgruppe sah Nick eine Schar Spardosen, die wie Tauben aussahen und danach pickten. Es waren Münzen aus Eisen, Kupfer, Silber und anderen Metallen.

Nur Goldmünzen sah Nick keine.

„Die wachsen doch nicht an Bäumen", lachte Dinaro. „Man findet sie unter der Erde im Gestein. In den Bergwerken von *Quanto* werden sie abgebaut."

Nach und nach begriff Nick, was es mit den Münzen auf sich hatte: Die Spardosen hoben sie auf und warfen sie wie ein Frühstück in sich hinein. Manchmal holten sie sie heraus, um sie zu tauschen oder damit zu spielen. Doch nur die Goldmünzen machten sie lebendig. Sie waren für die Spardosen so wichtig wie für Nick sein pochendes Herz.

„Eine pro Jahr hält uns lebendig", erklärte Dinaro. „Nur Spardosen*kinder* brauchen noch keine Goldmünze. Bevor sie erwachsen werden, gibt es dann ein Fest, bei dem sie von ihren Eltern ihre erste Goldmünze eingeworfen bekommen. Du kannst dir vielleicht denken, wie aufregend das für die Kleinen ist."

„Klingt wie Geburtstag", sagte Nick.

Ihm gefiel dieses sonnige Land mit seinen freundlichen Bewohnern. Ein paar Dinge verstand er allerdings nicht. „Wie kommt es, dass es hier Tag ist und bei mir zu Hause Mitternacht?", fragte er sich.

Nach einer Weile kamen sie in ein anderes Dorf, das

Pekunia recht ähnlich war. Auch hier gab es einen zentralen Platz, aber er war zugewachsen und verlassen. Vereinzelte Zeltstangen ragten wie Gerippe aus dem Gebüsch, und hier und dort erkannte Nick einen verfallenen Höhleneingang zwischen Wurzeln. Dieses Dorf war verlassen.

„Hier will keiner wohnen", erklärte Dinaro. „Mister Kis Palast Dispo ist zu nah. Immer wieder dringen seine Legionisten vor, um Spardosen einzufangen. Bald werden sie auch nach Pekunia kommen, ist zu befürchten. Er nimmt den Spardosen die Goldmünzen aus dem Bauch und tut stattdessen Knöpfe hinein, um … um … um …"

Dinaro blieb stehen und klopfte sich an den Kopf.
DOING-DOING-DOING!
Offenbar ging es darin wieder mal nicht richtig weiter.

Nick tat es leid, mitansehen zu müssen, wie sich der kleine Kerl immer wieder mit seinen Gedächtnislücken und Erinnerungen herumquälte.

„Können Spardosen eigentlich weinen?", fragte er und nahm seinen neuen Freund tröstend auf den Arm. Er wollte nicht, dass Dinaro traurig war. Und er wollte eigentlich auch nicht zulassen, dass es einen fiesen Mister Ki gab, vor dem die Spardosen Angst haben mussten. Der ihnen die

Goldstücke wegnahm und ihnen Knöpfe dafür gab.

Immerhin erwies es sich als praktisch, dass Nick Dinaro jetzt auf dem Arm hatte, denn so kamen sie viel schneller voran. Dankbar kuschelte sich Dinaro in Nicks Armbeuge. Es dauerte nicht lange, da war er eingeschlafen.

Nick konnte jetzt ordentlich ausschreiten.

Der Pfad nach Dispo war nicht schwer zu finden: Es war der einzige, den es gab, und er führte durch ein steiniges Feld in Richtung dunkler Wolken, die am Horizont aufzogen.

Waren es eine Stunde oder drei, die Nick jetzt schon unterwegs war? Er konnte es nicht sagen. Langsam wurde ihm der schlafende Dinaro in seinen Armen schwer. Deshalb legte Nick ihn vorsichtig unter einen Baum am Wegesrand und setzte sich daneben.

„Der Schnellste bist du ja nicht gerade", sagte er leise, um den Dino nicht zu wecken. „Aber du lässt deine Freunde nicht im Stich. Das gefällt mir."

Sie kannten sich zwar erst ein paar Stunden, aber er mochte diesen kleinen Kerl immer lieber. Er war so viel mehr als die Spardose, die er zu Hause neben sein Bett gestellt hatte. Ansonsten waren die Gedanken an den letzten Abend schon ziemlich fern. Nick kam es vor, als wäre sein Geburtstag schon Wochen her. Es gefiel ihm in Monetia, auch wenn die Landschaft trockener und steiniger wurde, je weiter sie kamen.

Er blickte sich um und betrachtete die morschen Äste. Blätter trug dieser Baum keine mehr. Und auch um ihn herum wuchs nur niedriges Stachelgebusch. Dazwischen erkannte Nick eine Goldmünze.

Sie lag nur ein paar Schritte entfernt.

„Nanu?", wunderte er sich. „Wie kommt die denn hierher?"

Und prompt meldete sich der Index wieder:

PLING-PLING!

Was ist Sparen eigentlich genau?
Geld zu sparen bedeutet nicht, einfach nur Münzen zu sammeln. Sparen tut man immer, um irgendetwas damit zu erreichen. Man könnte sich zum Beispiel einen Möbelwagen voller Erdbeereis kaufen.
Mit Sahne und Schokolinsen obendrauf. Na gut, zugegeben, doofes Beispiel. Aber du verstehst hoffentlich, was ich meine: Sparen hat immer ein Ziel, das aus einem Wunsch entsteht. Ein Ziel, das du dir selbst setzt.

Wieder stutzte Nick. Verstand der Index, wenn er etwas fragte? Kamen diese Nachrichten tatsächlich von Tante Brünhilde? Schickte sie sie genau in dem Augenblick ab, als sie ankamen? Oder war die Technik von diesem Gerät einfach nicht in Ordnung und es machte PLING-PLING, wann immer es ihm gerade passte? Irgend so was hatte Tante Brünhilde doch geschrieben, oder?

Egal.

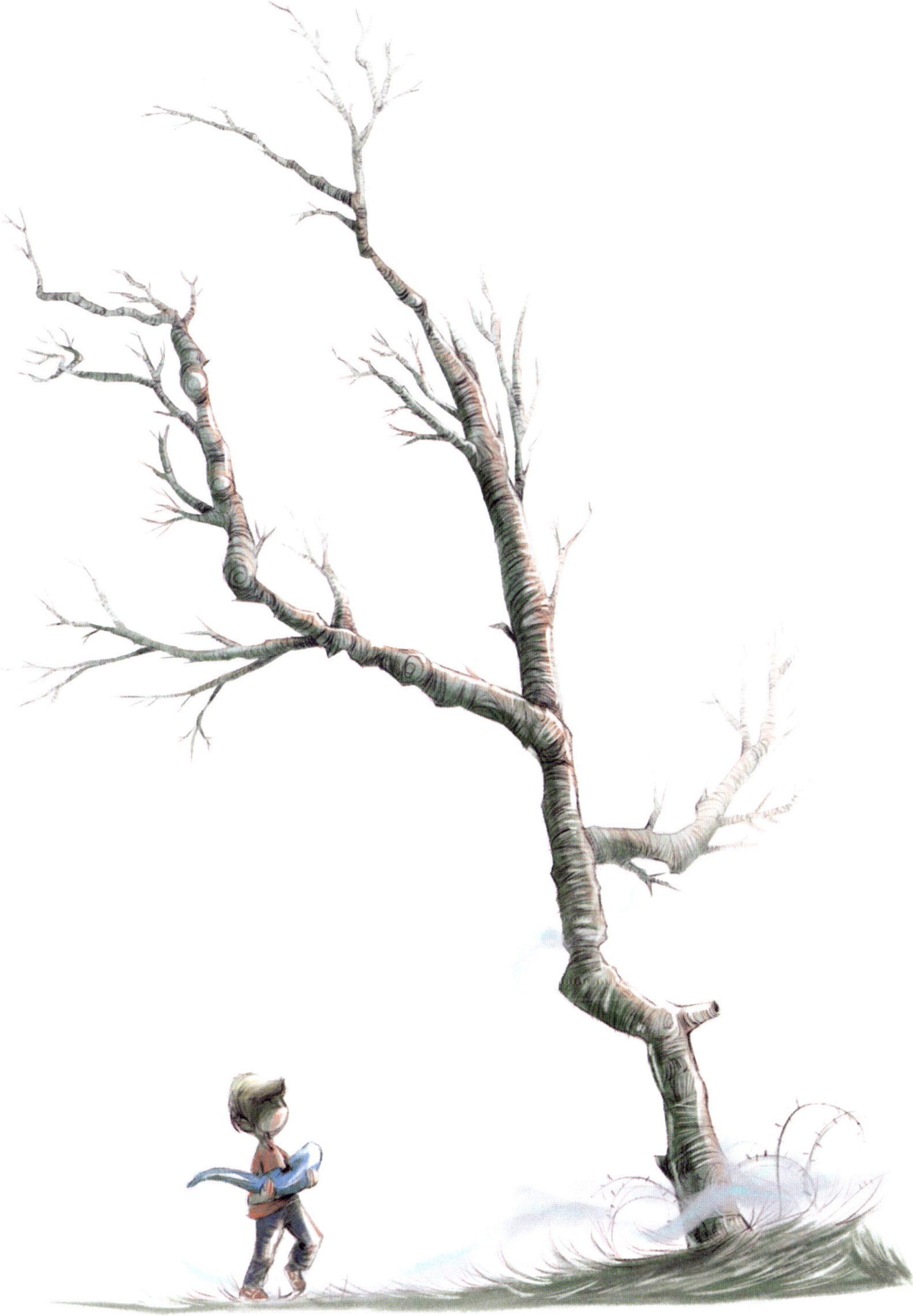

Nick wollte sich jetzt nicht damit befassen.

Stattdessen lief er zu der Münze und hob sie auf.

Sie war erstaunlich leicht – viel zu leicht für eine Goldmünze. Weil sie nämlich in Wirklichkeit gar nicht aus Gold war, sondern aus Plastik. Das Gold war nur oberflächlich aufgetragen und blätterte an den Kanten bereits ab.

„Falschgeld", murmelte Nick, als er die Münze betrachtete. „Oder Spielgeld. Jedenfalls nicht echt."

Er behielt sie trotzdem und steckte sie in die Tasche.

Dann sah er etwas entfernt eine zweite solche Münze im Staub liegen.

Auch sie glänzte golden.

Auch sie war aus Plastik.

Und auch sie steckte Nick in die Tasche.

Bei der nächsten Münze, die er fand, war es nicht anders.

Wie auch bei der übernächsten.

Und der überübernächsten …

Bald war Nicks Tasche prall gefüllt.

Dann fiel ihm etwas ein: Hatten nicht Plus und Minus von genau solch einer Münzenspur erzählt? Und von einem merkwürdigen kahlen Baum? Ob das vielleicht so eine Art Grenzpfosten war? Eine Grenze zum Land von Mister Ki?

Nick beschloss, vorsichtig zu sein.

Aufmerksam folgte er den Münzen ins Gebüsch und gelangte so zu einer Fallgrube. Wirr lagen die Zweige darin herum, die zuvor das Loch getarnt hatten. Irgendjemand war draufgetreten und eingebrochen.

Plötzlich hörte Nick direkt hinter sich ein vertrautes Geräusch:

DOING-DOING-DOING!

Es war Dinaro, der aufgewacht und ihm gefolgt war.

„Genau hier ist es mir passiert", sagte er, „jetzt fällt's mir wieder ein. Warum müssen wir Spardosen auch immer so unachtsam sein? Sobald wir eine Münze sehen, stecken wir sie ein, egal ob Falschgeld oder nicht. Ich hoffe, dass ich das nächste Mal vorsichtiger bin, wenn ich welches in die Pfoten bekomme, damit ich nicht noch einmal in eine Falle von Mister Ki tappe."

Nick zog ein paar Zweige aus der Fallgrube. Sie war eindeutig für Spardosen gemacht. Für ihn war sie nicht tief genug, er wäre locker wieder herausgekommen. Dann bemerkte er etwas anderes darin, das eigentlich nicht hineingehörte. Es lag ganz unten in der Falle: Irgendjemand hatte hier einen Knopf verloren.

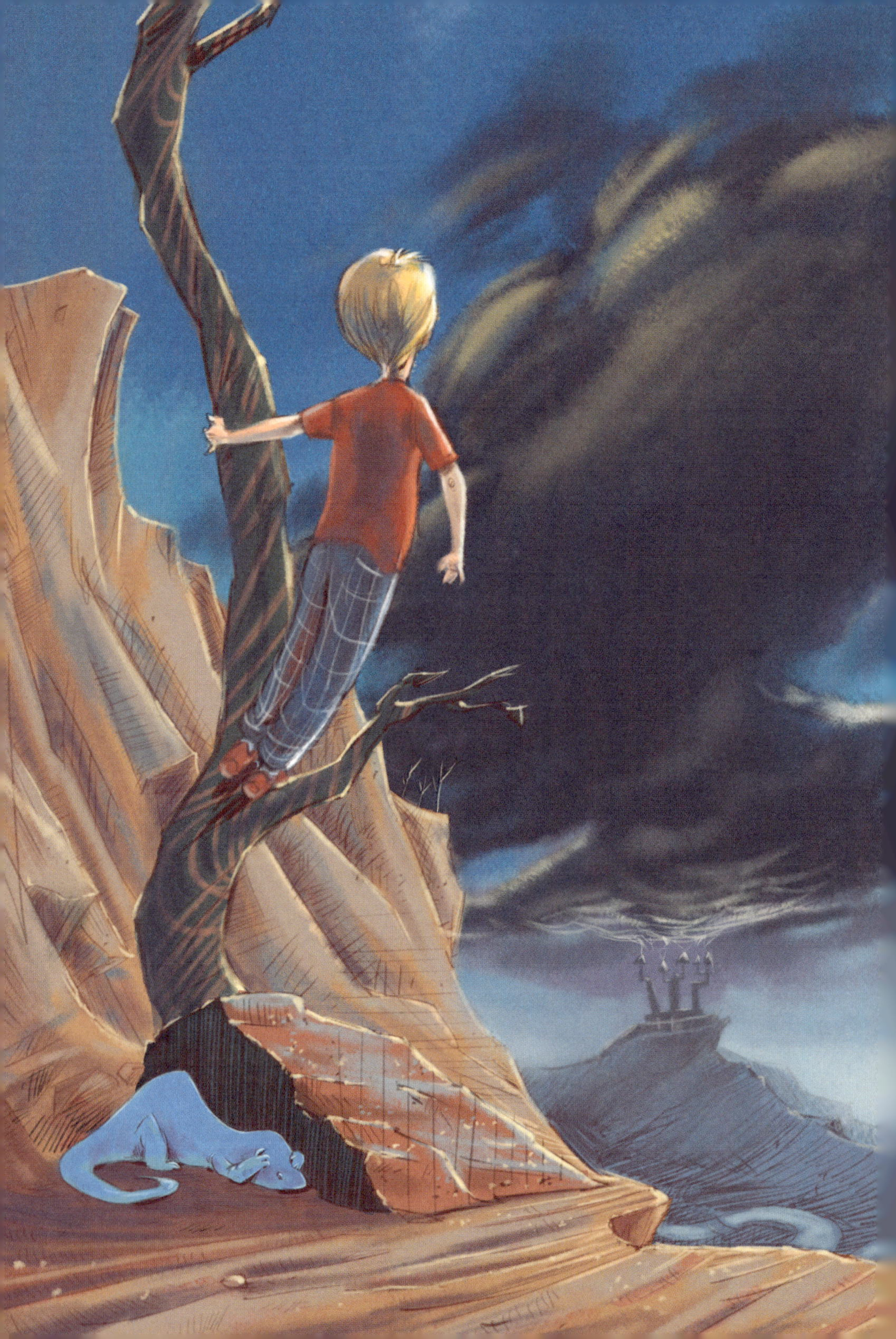

6 Der Palast Dispo

Es war nun nicht mehr weit. Bald erreichten die Freunde eine Anhöhe. Vor ihnen lag ein Tal. Da unten gab es einen Fluss, über den eine Hängebrücke führte. Auf der anderen Seite ging es wieder hoch bis zu einem Gebäude mit drei windschiefen Türmen, die aussahen, als wären es vertrocknete Giftpilze. Umgeben war das Ganze von einer Mauer.

Abgesehen von den Zelten und Erdhöhlen der Spardosen war dies das erste richtige Gebäude, das Nick in Monetia sah. Anders als jene war es jedoch ziemlich groß, aus Steinen gemauert und glich mehr einer Festung als einem Palast.

„Das ist Dispo?", fragte er. „Oder?"

„Ja, das ist Dispo", sagte Dinaro mit trauriger Stimme. „Und der Fluss da unten heißt *Liquido*."

„Alle anderen Häuser hier sind klein", überlegte Nick. „Warum ist das so groß? Hat Mister Ki so viele Goldmünzen geklaut, dass er sich das leisten kann? Oder hat er sich was ausgeliehen?"

Plötzlich bimmelte es mal wieder in Nicks Hosentasche:

PLING-PLING!

Soll man sich Geld leihen oder nicht?
Wenn man sich Geld leiht, gibt es zwei Arten – die schlechte und die gute: Die schlechte ist, dass man etwas kaufen will, von dem man langfristig eigentlich gar nichts hat, sondern nur sehr kurz. Die gute Art hingegen ist, sich Geld zu leihen, um etwas damit zu erreichen, das noch mehr Geld einbringt. So, wie es vielleicht ein Maurer macht: Er benötigt viele Steine, um ein Haus bauen zu können. Wenn er nicht genug Geld hat, leiht er sich welches, um sich Steine zu kaufen. Das Haus, das er daraus baut, ist aber viel mehr wert als die Steine. Wenn er es verkauft, kann er das geliehene Geld brav zurückgeben und hat dann noch etwas übrig, das er in seine Spardose stecken kann.

„Wenn ich nur wüsste, wie ich diesen Index ausschalten kann", stöhnte Nick. „Wir müssen aufpassen, dass wir von niemandem gehört oder gesehen werden. Es ist uns zwar bisher noch niemand begegnet, aber Mister Ki wird sicherlich Wachposten aufgestellt haben."

„Meinst du?", überlegte Dinaro. „In Monetia haben doch alle Angst vor ihm. Wen hätte er denn hier zu fürchten?"

„Uns zum Beispiel", sagte Nick.

Er nahm Dinaro wieder auf den Arm und mied fortan den Weg. Stattdessen schlug er sich abseits ins Tal hinunter. Von Busch zu Busch huschte er. Manchmal war es dornig, an ein paar Stellen ging es auch ziemlich steil hinab, aber irgendwie schaffte er es hinunter, bis sie nur noch einen Steinwurf von der Brücke entfernt waren. Die war ganz schön breit für eine Spardosen-Brücke. Schätzungsweise, damit die Legionisten von Mister Ki in Truppenstärke hinübermarschieren konnten.

Einer dieser Legionisten stand tatsächlich am Brückenkopf und bewachte ihn. Eigentlich war er eine Spardose in der Form eines Bären. Er trug einen dunklen Umhang, unter dem ein durchsichtiger Bauch hindurchschimmerte. Doch war darin kein Goldglanz zu erkennen, sondern fahler, grauvioletter Rauch.

Traurig sagte Dinaro: „So geht es all jenen, die einen Knopf…"

„Still!", zischte Nick. Es war jetzt keine Zeit für große Gespräche.

Doch der Legionist war zum Glück sehr unaufmerksam und hatte sie nicht bemerkt. Er lehnte sich faul auf eine Lanze und träumte vor sich hin.

Irgendwie mussten sie an ihm vorbeikommen.

Nick wusste auch gleich, wie. Er griff in die Tasche, fischte eine Falschgeldmünze heraus und warf sie in Richtung des Legionisten. Sie fiel ihm direkt vor die Füße. Das leise Geräusch, das sie machte, ließ ihn aus seinem Dämmer hochschrecken. Gierig hob er sie auf und stopfte sie in sich hinein.

Die nächste Münze folgte nur einen Moment später.

Nick hatte sie so geworfen, dass sie mit etwas Abstand landete.

Auch diese Münze holte sich der Legionist, wobei er eine überraschende Gewandtheit an den Tag legte. Wenn er lief, hinterließ er kleine schwarzviolette Rauchwölkchen, ähnlich wie Dinaros Goldspuren, nur dass diese bei Tageslicht recht gut zu erkennen waren.

Die dritte Münze landete schon ganz schön weit entfernt.

Nick hatte gut gezielt. Beinahe hätte er gekichert, als er sah, wie drollig der Legionist auch zu dieser Münze rannte. Spardose blieb eben Spardose.

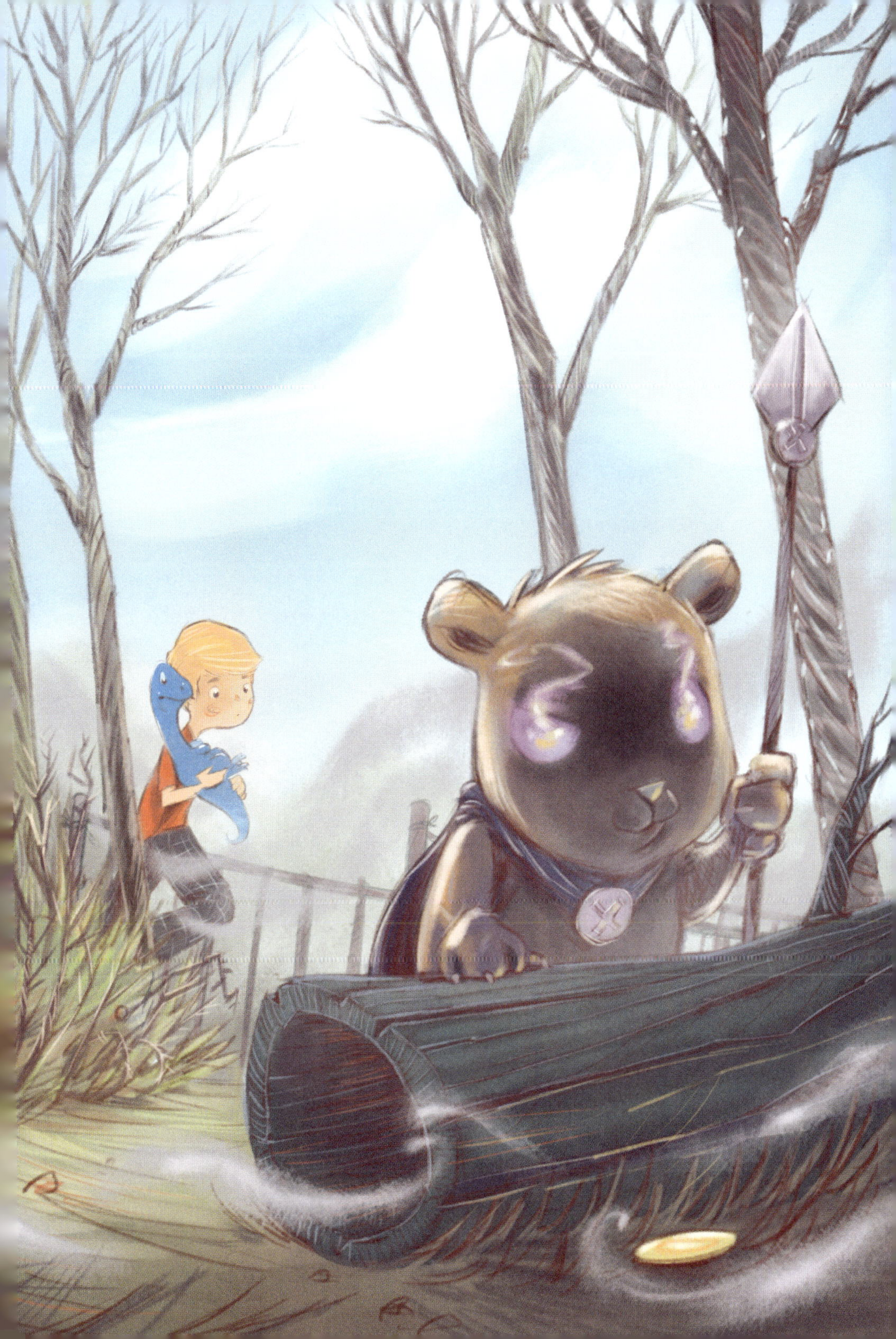

Dann holte Nick ordentlich aus und schmiss die vierte Münze, so weit er konnte. Und wieder hastete der Legionist hinterher. Der Weg für die Freunde war frei.

„Jetzt oder nie!"

Nick presste Dinaro an sich und rannte über die Brücke. Auf der anderen Seite angelangt, schlug er sich gleich wieder in die Büsche. Dabei bemerkte er, wie der Dino am ganzen Leib zitterte.

Immer wieder klopfte er sich gegen die Stirn und stammelte dabei kaum verständliche Dinge wie: „Die Falle … Mister Ki … Ultimo …"

DOING-DOING-DOING!

Aber Nick konnte sich jetzt nicht um ihn kümmern. Es war schwierig genug für ihn, den Hang hinaufzukommen, denn er hatte nur eine Hand frei. Immer wieder musste er sich an Büschen und Ästen festhalten, um nicht abzurutschen. Mit der anderen Hand hielt er Dinaro fest, der immer stärker zitterte, je näher sie Dispo kamen.

Dann erreichten sie endlich die Anhöhe.

Direkt vor ihnen war die Mauer.

Sie schien dick zu sein, war aber nicht wirklich hoch. Zumindest nicht für Nick. Er schwang sich hinüber, als wäre es der Turnkasten im Sportunterricht, und blickte zurück über die Mauer. Erst jetzt begriff er, welch unverschämtes Glück sie gehabt hatten. Draußen bog nämlich gerade ein Trupp Legionisten um die Ecke. Nick duckte sich schnell hinter die Mauer und hörte, wie sie im Gleichschritt vorbeimarschierten.

„Links, rechts, links!", kommandierte der Anführer.

Das gleichförmige Getrappel seiner Truppe folgte. Wären die Legionisten nur einen Moment früher erschienen, hätten sie Nick und Dinaro unweigerlich ertappt.

7 Ultimo

Für Nick hatte Dispo beinahe etwas von einer Spielzeug-Ritterburg. Alles war für Spardosen gemacht. Nick jedoch war ein paar Nummern größer. Wo sollte er sich hier verstecken?

Der schmucklose Innenhof bestand zum größten Teil aus festgestampftem Sand. Nick stellte sich vor, wie hier die Legionisten von Mister Ki zusammenkamen, um sich in Reih und Glied aufzustellen und zu exerzieren. Rechts erkannte er ein Eisentor, das nach draußen führte. Gegenüber, auf der anderen Seite des Hofs, erhob sich grimmig das Hauptgebäude mit den drei windschiefen Türmen.

„Dorthin!", flüsterte Dinaro mit wackliger Stimme und zeigte zu einem grob gezimmerten Schuppen links von ihnen. Es war die einzige Stelle innerhalb der Mauern, die einem Riesen wie Nick einigermaßen Sichtschutz bieten konnte.

Im Nu waren sie dort.

Nick kauerte sich hinter das Gebäude und warf einen Blick durch die Fenster. Offenbar wurden hier Dinge gelagert, die man im Hauptgebäude nicht haben wollte.

Zwischen anderem Gerümpel erkannte er Fangnetze und Dosen voller Knöpfe. Außerdem stand da eine Kutsche. An Kleiderhaken hingen reihenweise Umhänge, die aussahen wie der, den der Legionist an der Brücke getragen hatte.

Plötzlich war ein leises Scharren zu hören.

Ein Kratzen.

Und ein Fiepen.

Erst jetzt bemerkte Nick, dass unter einem Vordach ein paar Ställe untergebracht waren. Waren das etwa Hasenställe? Ein bisschen sah es so aus. Es mochten zehn oder zwölf sein.

Das Scharren, Kratzen und Fiepen wurde immer lauter. Nun begriff Nick, was hier los war: In den Ställen saßen nämlich Spardosen. Spardosen der verschiedensten Arten, Formen und Größen, die hier gefangen gehalten wurden. Sie drängten sich an die Gitter und blickten Nick und Dinaro mit großen, ängstlichen Augen an.

Dann bellte eine heisere Stimme: „Hallo, alter Freund! Ich bin's!"

„*Ultimo!*" Dinaro schrie es fast.

In einem der Käfige saß tatsächlich Ultimo, die schnellste Hunde-Spardose von Monetia. „Normalerweise fängt mich keiner ein", sagte er müde. „Aber diesmal haben sie mich erwischt."

Sogleich war Dinaro bei dem Käfig, in dem sein Freund gefangen saß. „Wir holen dich hier raus", versprach er, während er an der Tür rüttelte. „Wir holen euch *alle* raus!"

In den anderen Käfigen herrschte plötzlich große Aufregung.

„Mich zuerst, mich zuerst!", tönte es von überallher.

„Seid ruhig!", zischte Nick – allerdings nur mit mäßigem Erfolg.

„Mister Ki lässt uns regelrecht schmoren, bis er glaubt, dass wir reif für sein Verhör sind", plapperte aufgeregt das Spardosen-Krokodil *Euribor*. „*Wo ist der Schlüssel?*, will er dann wissen. Von allen. Immer wieder. Aber welchen Schlüssel meint er bloß? Keiner weiß es. Wer seine Frage jedoch nicht beantworten kann, dem nimmt er die Goldmünze weg. Stattdessen bekommt der arme Kerl einen Knopf und ist fortan Legionist."

„Ein schlechter Tausch!", maunzte eine gefangene Katze.

„Ein *sehr* schlechter Tausch", bestätigte das Chamäleon im Nachbarkäfig.

Dinaro rüttelte immer fester an Ultimos Käfigtür, ohne dass sich etwas bewegte. Schließlich ließ er ab, setzte sich und schlug sich mit zitternden Händen gegen den Kopf.

DOING-DOING-DOING!

„Ich erinnere mich", jammerte er.

DOING-DOING-DOING!

„Ich war auch mal hier!"

DOING-DOING-DOING!

„Und dann bekam ich einen Knopf!"

DOING-DOING-DOING!

Dann blickte er Nick hilflos an und murmelte: „Ich will hier weg."

„Lass mich mal!"

Jetzt probierte es Nick, doch auch er scheiterte an der Gittertür. Da konnte er ziehen und ruckeln, soviel er wollte. „Ganz schön stabil", knurrte er.

Die Unruhe in den Käfigen wuchs immer mehr.

„Mich auch, mich auch!", tönte es von überallher, bis plötzlich von jenseits der Mauern die Stimme des obersten Legionisten herüberschallte.

„Was ist denn los da drüben?! Ruhe da! Oder sollen wir etwa reinkommen, um dafür zu sorgen?!"

Das wirkte. Schlagartig war es still in den Käfigen.

„Na also", kam es zufrieden von draußen.

Dann war sich entfernendes Getrappel zu hören.

„So schaffen wir das nicht", schimpfte Nick leise, während er das solide Schloss zu Ultimos Käfig prüfte. „Aber selbst wenn ich das blöde Ding aufkriegen sollte – irgendwie müssen wir dann auch wegkommen. Könnte allerdings schwierig werden, solange da draußen diese Legionisten herumlungern."

„Soll ich rausgehen und sie ablenken?", fragte Dinaro.

„Du?", fragte Nick.

„Ich locke sie in die Falle, so wie sie es mit mir gemacht haben", erklärte der Dino. Wenn du Ultimo und die anderen befreit hast, will ich den Weg frei gemacht haben."

„Und wenn nicht?", zweifelte Nick.

Ratlos zuckte Dinaro mit den Schultern. „Entweder du schaffst es oder es ist sowieso egal", sagte er.

Nick überlegte. „Aber nicht, dass du dich wieder irgendwohin setzt und verzweifelt gegen deinen Kopf schlägst", sagte er. „DOING-DOING-DOING, du weißt schon …"

Dinaro grinste. „Wenn ich weiß, dass du Ultimo für mich befreist, schaffe ich das schon", erklärte er. „Und es soll auch meine Rache sein." Er ließ sich von Nick ein paar Falschgeldmünzen aushändigen, dann tappte er mit seinen großen Füßen Richtung Tor.

Nick blickte ihm staunend nach. So unternehmungslustig kannte er seinen kleinen Freund noch gar nicht. Dann begriff er, dass der Dino hier rauswollte. Raus aus Dispo. Raus aus dem Ort der Qual. Und vielleicht auch raus aus den quälenden DOING-DOING-DOING-Gedanken in seinem Kopf.

Am Eisentor winkte er Nick noch mal zu. Dann schob er den Riegel beiseite, sah nach, ob die Luft rein war, und schlüpfte hinaus.

Für einen Moment schossen Nick Zweifel durch den Kopf. Ob das wirklich eine gute Idee gewesen war? Doch jetzt war es zu spät, darüber nachzudenken. Dinaro hatte es selbst so gewollt. Und mit Nichtstun würden sie hier auch nicht weiterkommen.

Die Käfige!

Nick machte sich wieder an Ultimos Gittertür zu schaffen.

„Bei mir auch!", rief das Krokodil Euribor.

„Und bei mir!", kreischten die anderen.

„Jetzt seid doch mal still!", schimpfte Nick.

Er hätte jetzt prima sein neues Taschenmesser einsetzen können, um das Gitter aufzuhebeln. Das lag aber zu Hause neben seinem Bett. Dann fiel ihm etwas auf.

Schloss und Gitter würde er in der Eile kaum aufbekommen. Die Schwachstelle der Käfige war eine andere.

„Die Scharniere!", entfuhr es Nick.

Die Käfigtüren waren hinten nämlich nur durch einfache Metallstifte gesichert, die man leicht von unten herausschieben konnte.

So ging es. Im Nu hatte Nick Ultimo befreit.

„Danke!", murmelte der Hund. Seinerseits begann er nun, die Scharniere von Euribors Käfig zu öffnen, indem er mit der Kralle die Scharnierbolzen hochschob, bis er sie mit den Zähnen zu fassen bekam und komplett herausziehen konnte. Schnell war der Käfig geöffnet und das Krokodil konnte heraus.

Nick hatte indessen das Kaninchen befreit und das Kaninchen wiederum eine Katze. Einer half dem anderen und der andere dann wiederum jemand anderem. Es war eine regelrechte Lawine der Befreiung. Leise und schnell ging das vonstatten, bis alles geschafft war und alle aus den Käfigen konnten.

„Haben wir jemanden vergessen?", überlegte Nick.

Die Antwort kam vom Index:

PLING-PLING!

Die Geschichte vom Reiskorn

Es war einmal eine kluge Prinzessin, die wünschte sich als Taschengeld von ihrem Vater nur ein einziges Reiskorn, das sie auf das erste Feld eines Schachbretts legte. In der nächsten Woche sollte das Taschengeld dann verdoppelt werden: Auf das zweite Schachfeld wurden zwei Reiskörner gelegt. In der nächsten Woche wieder das Doppelte: Auf Schachfeld Nummer drei lagen vier Reiskörner. Und so ging es immer weiter, jede Woche das Doppelte von der Woche zuvor. Erst war es nur ganz wenig, aber dann ging die Sache gewaltig los. Bald hätte die kluge Prinzessin mehr Reiskörner bekommen, als es auf der ganzen Welt gab.
So ist es auch mit dem Geld, das man zur Bank bringt. Es verdient dir neues Geld hinzu. Man nennt es Zinsen. Die Zinsen bringen dir dann neue Zinsen ein und alles zusammen dann wiederum Zinseszinsen und Zinseszinseszinsen. So wird das, was du hast, von selbst immer mehr.

8 Mister Ki

Anscheinend haben Smartphones eine spezielle Funktion, die sie immer genau dann klingeln lässt, wenn es besonders unpassend ist. Mit dem Index war es genauso. Sein PLING-PLING pikste in die Stille wie eine Nadel in einen Luftballon. Genauso gut hätte eine Feuerwerksrakete über Dispo explodieren können, der Effekt wäre derselbe gewesen. Alle Heimlichkeit war vergeblich. Die Türen des Hauptgebäudes sprangen auf und heraus strömten Scharen von Leibgardisten mit dunklen Umhängen und Lanzen.

Nur wenige Augenblicke später hatten sie alle umzingelt.

„Wer bist du und was willst du hier?!", wollte der Anführer der Legionisten von Nick wissen. Er sah aus wie ein Nashorn und für eine Spardose war er nicht gerade klein. Doch Nick war mindestens doppelt so groß. Das beeindruckte das Nashorn. „Wenn du glaubst, du kannst in Mister Kis Palast eindringen und die Gefangenen befreien, dann irrst du dich gehörig. Du magst vielleicht groß sein, aber wir sind viele!"

Zur Bekräftigung seiner Worte stieß er die Lanze heftig zu Boden.

RUMS! machte es.

RUMS!, taten es ihm die anderen Legionisten gleich.

RUMS!

Immer wieder und von allen Seiten machten sie:

RUMS!

Als wäre dies ein Zeichen, tat sich jetzt die große Tür zum Hauptgebäude auf. Heraus trat eine auffällig große Spardose in grauviolettem Umhang. Kleine Rauchwölkchen von derselben Farbe folgten ihren Schritten.

RUMS! machten die Legionisten weiter.

RUMS!

Auffällig groß bedeutete: Sie reichte Nick gerade mal bis an die Schultern.

RUMS! Gespenstisch hallte es von den Mauern wider.

RUMS!

Die befreiten Spardosen scharten sich ängstlich um Nick.

„Das ist er!", flüsterten sie sich schaudernd zu.

Ja, das war Mister Ki.

Gebieterisch hob er die Hand und schlagartig hielten die Legionisten inne mit ihrem Gerumse. Eine Kapuze verdeckte große Teile seines Gesichts – bis auf eine kleine Stelle, die herausragte. An irgendetwas erinnerte Nick diese Erscheinung, doch er kam nicht darauf, woran.

Langsam ließ Mister Ki die Hand nun wieder sinken. Dann sprach er mit einer Stimme, die überraschend sanft und schmeichelnd klang: „So, so, da kommt uns einer besuchen. Einer von außerhalb. Was führt dich her, Fremder?

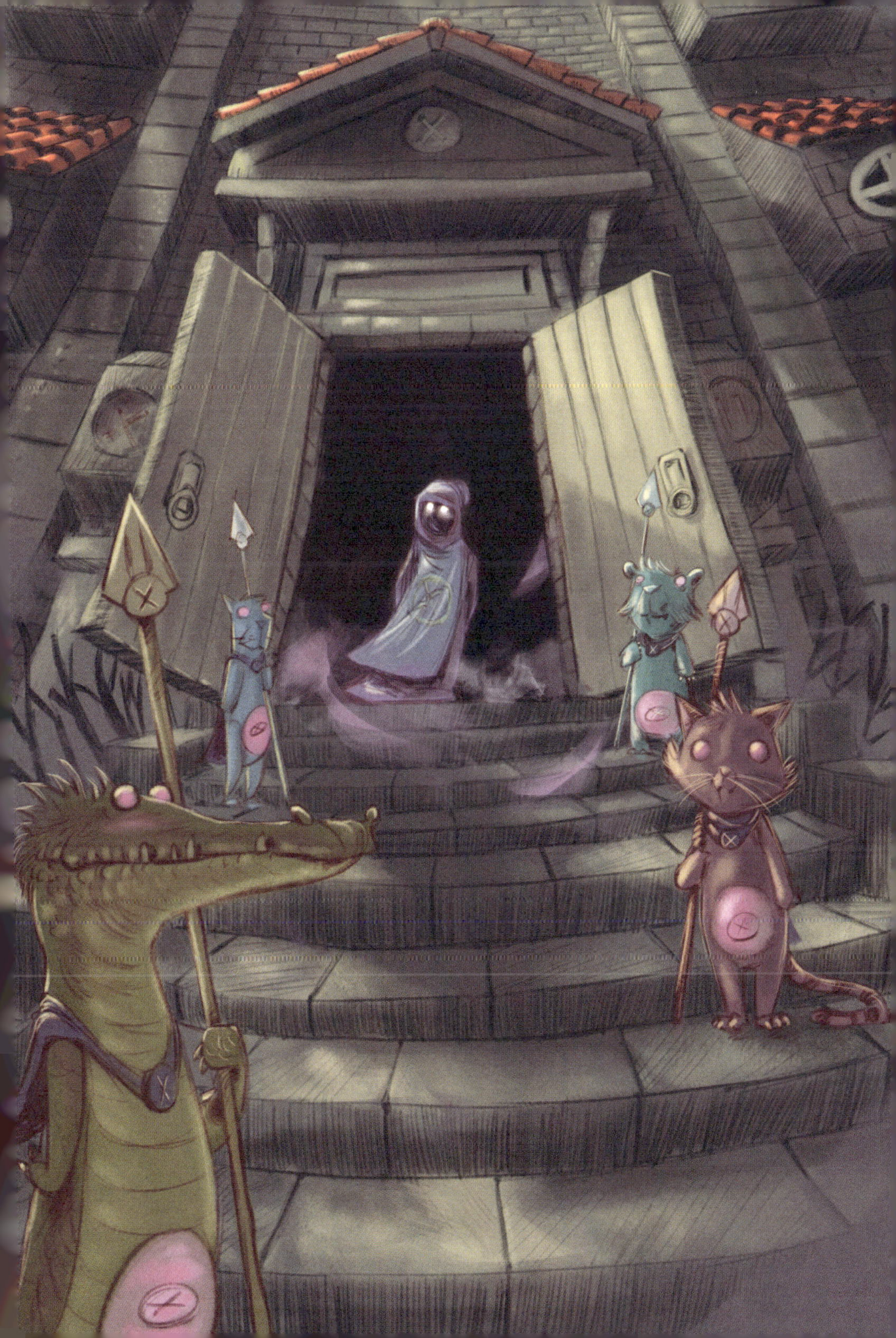

Willst du etwa meine Gastfreundschaft ausnutzen und mir meine mühsam zusammengerafften Ersparnisse stehlen? Ja? Dann sei gewiss, dass meine Legionisten das niemals zulassen werden. Ist es nicht so?"

RUMS! machten die Legionisten zur Bestätigung.

„Oder schickt dich etwa die gute Fee von Monetia?" Mister Ki kam Nick jetzt ganz nah. Misstrauisch blickte er dem Jungen ins Gesicht und umrundete ihn. Dann rief er auf einmal überraschend heftig: „Also, raus mit der Sprache! Was! Willst! Du! Hier!?"

Nick zuckte zusammen. Diese herrische Erscheinung machte ihm tatsächlich ein bisschen Angst, aber das wollte er sich nicht anmerken lassen.

„Ich will nichts von Ihnen", sagte Nick tapfer, „außer die Spardosen, die Sie gefangen haben. Geben Sie sie frei!"

„Sosoooo", säuselte Mister Ki mit gespielter Freundlichkeit, „und wenn eine von ihnen meinen Schlüssel hat? Was dann?"

„Welchen Schlüssel?", wunderte sich Nick.

„Hier stell ich die Fragen!" Mister Ki kreischte es regelrecht heraus.

RUMS! machten die Legionisten.

„Tu bloß nicht so, als ob du nicht wüsstest, wovon ich rede! Los, raus mit der Sprache: Was hat dir die gute Fee von Monetia gesagt? Du kennst sie doch bestimmt. Und wo ist sie jetzt?"

„Ich habe nicht die geringste Ahnung, wovon Sie reden", entgegnete Nick.

„Das werden wir ja sehen", knurrte Mister Ki. Wieder hob er die Hand, woraufhin die Legionisten ihre Lanzen auf Nick richteten. „Klein, aber viele", lachte er böse. „Zu viele für dich."

Nur eine falsche Bewegung – und ein Schwarm von Lanzen würde Nick treffen. Die befreiten Spardosen waren ihm auch keine große Hilfe. Im Gegenteil. Ohne sie hätte Nick vielleicht versuchen können, mit einem Satz über die Mauer zu entkommen und zu entwischen. Ein paar Lanzen in den Hintern hätte er dabei vielleicht abbekommen – nicht viel mehr als Wespenstiche. Aber konnte er die anderen denn hier zurücklassen?

Ängstlich scharten sie sich um ihn: Euribor, die Katze – ja selbst den tapferen Ultimo beeindruckten die Lanzen der Legionisten.

„Na siehst du", sagte Mister Ki zu Nick. „Dann komm mal schön her und lass dich fesseln."

„Mach das nicht!", knurrte Ultimo.

„Sondern?", fragte Nick leise zurück. „Irgendetwas muss jetzt geschehen. Wir brauchen eine Idee. Eine Entscheidung. Was sollen wir tun?"

Die Antwort kam einmal mehr vom Index.

PLING-PLING!

Entscheide dich für und gegen etwas!
Du kannst eine Münze nicht gleichzeitig in die
Spardose stecken und dir ein Eis dafür kaufen.
Für eins von beidem musst du dich entscheiden –
auf das andere musst du wohl oder übel verzichten.
Wenn du aber sicher bist, dass deine Entscheidung
gut und richtig ist, wird dir dieser Verzicht nicht
schwerfallen. Womöglich wird dir ein Verzicht
sogar Spaß machen, weil du weißt, wofür er gut ist.

Nick linste nur mal kurz auf den Bildschirm. Eine große Entscheidungshilfe war die neue Nachricht nicht. Doch als er den Index zurück in die Hosentasche schob, spürte er dort ein paar letzte Falschgeldmünzen. Fest umgriff er sie.

Da war sie ja, die Idee!

„Also, was ist?", kam es ungeduldig von Mister Ki.

„Augenblick", sagte Nick. Er grinste. „Ich hätte da nämlich noch was für Sie. Fröhliches Sparen allerseits!"

Dann zog er die Hand aus der Tasche und schleuderte die Falschgeldmünzen mitten in die Schar der Legionisten. Der Erfolg stellte sich schlagartig ein: Sofort ließen sie ihre Lanzen fallen, um eine Münze zu ergattern. Keiner gönnte sie dem anderen, und so war im Nu das schönste Gebalge im Gange.

„Halt!", brüllte Mister Ki. „Nein! Zurück!"

Auch die befreiten Spardosen hätten sich ins Getümmel gestürzt, hätten sie nicht bereits schlechte Erfahrungen mit Falschgeldmünzen gemacht. Stattdessen konnte Nick sie in Richtung Tor lotsen.

„Los, raus hier!", befahl er.

Mister Ki versuchte, zu ihnen zu gelangen, doch er kam nicht an seinen eigenen balgenden Legionisten vorbei.

„Das wirst du mir büßen!", brüllte er Nick hinterher.

Es war das Letzte, was der Junge hörte, bevor er durchs Tor schlüpfte und vor die Mauern von Dispo trat.

Dinaro erwartete sie hier bereits.

„Die sind ja so doof", kicherte er und wies vage in die Ferne, wo einige Legionisten gebückt nach Münzen suchten. „Ich habe eine Spur für sie ausgelegt und den Rest der Falschgeldmünzen unter einen Busch gelegt. Die sind noch eine Weile beschäftigt."

Der Dino wirkte durchaus vergnügt. Keine Spur mehr von Zittern oder DOING-DOING-DOING. Es schien, als hätte die Befreiungsaktion ihn selbst befreit von alledem.

„Und wie ist es euch ergangen?", fragte er.

„Erzähle ich dir nachher", antwortete Nick und nahm Dinaro auf den Arm. „Und jetzt: *Lauft!*"

Da rannten sie alle los, hinunter Richtung Brücke. Diesmal schlugen sie sich nicht durch die Büsche, sondern nahmen gleich den direkten Weg, auf dem es schneller voranging. Ultimo sprintete voraus, gefolgt von Nick mit Dinaro. Ihnen folgten wiederum die befreiten Spardosen. Euribor und ein paar andere, die nicht so gut zu Fuß waren, liefen hinterher.

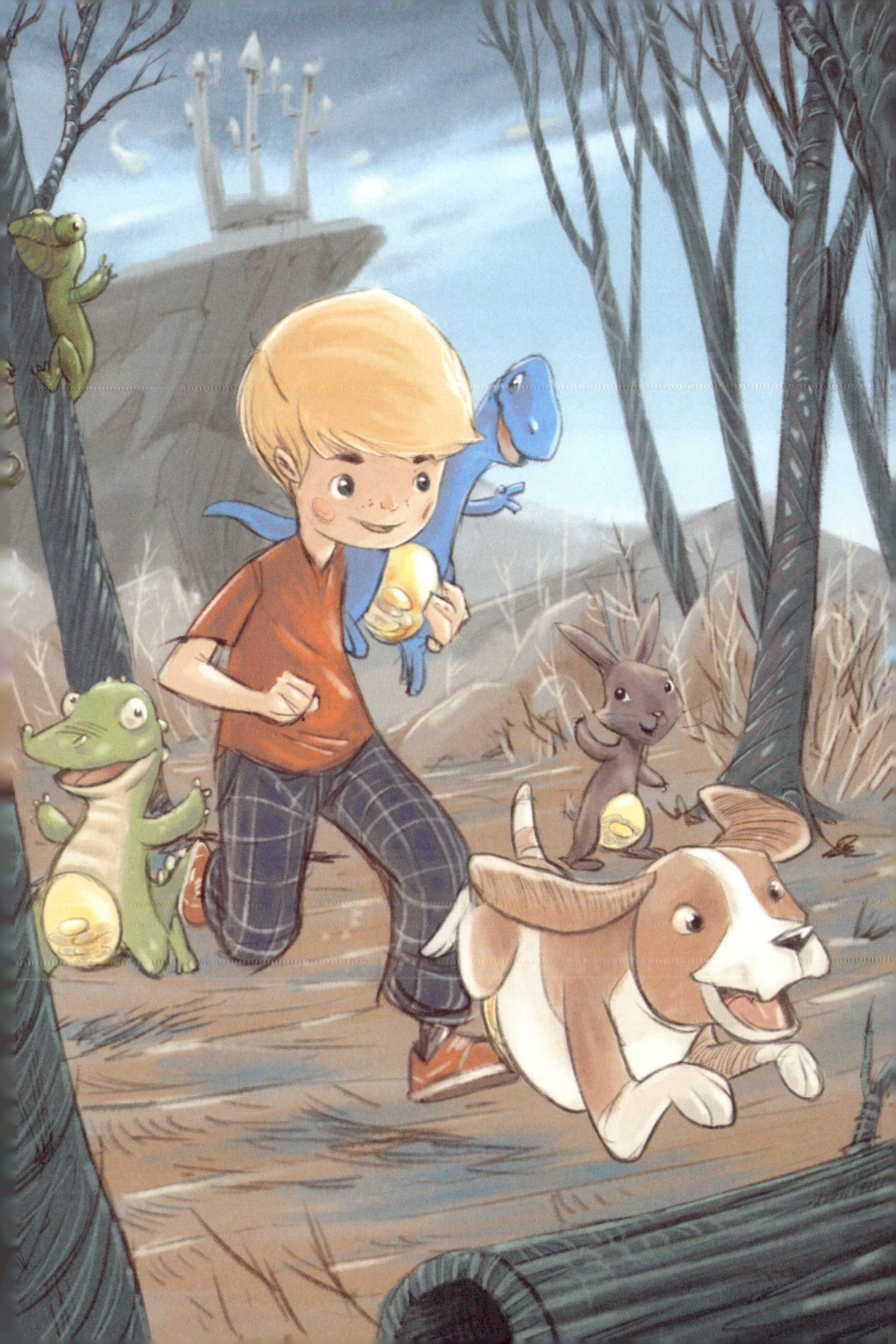

„Nicht so schnell!", beklagten sie sich.

Unten am Fluss vor der Brücke sammelten sich dann alle wieder.

„Ich komme kaum hinterher", keuchte Euribor.

„Ich bin auch schon ganz außer Atem", schnaufte das Chamäleon.

„Ich könnte noch viel schneller rennen", sagte Ultimo.

„Dafür kann ich aber besser tauchen als du", entgegnete Euribor.

„Und ich bin ein Meister der Tarnung", erklärte das Chamäleon. Zum Beweis nahm es die Farbe des Bodens an.

Nick hätte es für einen Stein gehalten, wenn er es nicht besser gewusst hätte.

Die Katzen-Spardose konnte besser schleichen und das Kaninchen hätte sich am liebsten eingebuddelt. Und so war es mit jedem: Jeder konnte etwas besonders gut, was der andere nicht konnte.

„Und was kann ich am besten?", überlegte Nick.

Prompt meldete sich mal wieder der Index.

PLING-PLING!

Freiheit

Machst du gern Dinge, die du dir selbst ausdenkst, oder folgst du lieber den Befehlen anderer? Vermutlich möchtest du lieber frei sein und Dinge selbst entscheiden, anstatt zu gehorchen. Dann ist es gut, wenn du etwas gespart hast, weil es dir die Freiheit gibt, das zu tun, was du möchtest: In die Ferien fahren, wohin du willst. Oder ein Eis kaufen. Oder auch anderen helfen und Gutes tun.

„Ich glaube, ich kann am besten Entscheidungen treffen", gab sich Nick selbst die Antwort. „Es ist Quatsch, dass wir alle zusammenbleiben. Bald werden sich die Legionisten beruhigt haben und unsere Verfolgung aufnehmen. Also sollte jeder von uns das tun, was er am besten kann, um ihnen zu entkommen."

„Ich lenke sie ab!", rief der tapfere Ultimo.

„Und ich *tauche* ab", lachte Euribor.

„Ich verstecke mich im Gebüsch", schnurrte die Katze.

„Und ich grabe mir eine Höhle", sagte das Kaninchen.

Das Chamäleon war bereits in einen Busch geklettert. „Wer sieht mich?", fragte es, aber keiner erkannte es noch.

„Also, geheimer Treffpunkt Pekunia", erklärte Dinaro. „Dort sehen wir uns wieder."

„Junge, Junge, ich habe dir 'ne Menge zu erzählen", sagte Ultimo. „Und Danke sagen muss ich dir wohl auch. Danke, dass du mich nicht im Stich gelassen hast!"

„Aber wir sind doch Freunde", entgegnete Dinaro.

„Ewige Freunde!", bestätigte Ultimo feierlich.

„Lasst es uns besiegeln", forderten die anderen Spardosen und bildeten einen Kreis. „Ewige Freunde!", wiederholten sie feierlich.

„Ewige Freundschaft", sagte auch Nick.

Dann war es Zeit aufzubrechen. Euribor glitt in den Fluss und tauchte ab. Und auch die anderen taten, was sie am besten konnten, um sich in Sicherheit zu bringen.

Allein der tapfere Ultimo rannte zurück, um die Legionisten auf seine Fährte zu locken, damit die anderen Zeit gewannen. Er würde ihnen schon entkommen, denn schneller als er rannte keiner. Und in eine Falschgeldfalle würde er so schnell auch nicht wieder laufen.

Nick aber nahm Dinaro huckepack und führte die restlichen Spardosen über die Brücke. Von hier aus zerstreuten sie sich in alle Himmelsrichtungen.

9 Zurück

Dinaro kam zuerst aus dem Tresor. Nick half ihm dabei und kletterte selbst hinaus auf die Kommode. Dann schob er die Tresortür so weit zu, wie er konnte.

„Hoffentlich genügt das, um Mister Ki da drüben zu halten", flüsterte Nick. So ganz sicher war er sich da nicht, aber mehr konnte er im Moment nicht tun.

Dann nahm er Dinaro auf den Arm und kletterte hinab auf den Wohnzimmerboden. Sie waren wieder zu Hause.

Und es war Nacht.

Immer noch?

Oder schon wieder?

Nick hatte nicht die geringste Ahnung.

Vom Flur aus hörte er das gleichmäßige Atmen der Eltern und Lisas Traktor-Geschnarche. Es schien, als hätte sich nichts geändert, seit er mit Dinaro nach Monetia gereist war. Wie lange sie wohl dort gewesen waren? Und wie spät war es jetzt überhaupt? Nick hatte jedes Zeitgefühl verloren.

Der Wecker in seinem Zimmer zeigte an, dass es nur ein paar Minuten nach Mitternacht sein musste.

War denn überhaupt keine Zeit verstrichen? Oder war es eine völlig andere Nacht, in der sie wiedergekommen waren? Soweit Nick es im Dunkeln erkennen konnte, war alles, wie er es verlassen hatte. Selbst seine Decke lag noch auf dem Boden. Niemand hatte das Bett gemacht. Und das tat Nicks Mutter doch eigentlich immer, wenn er in der Schule war.

Komisch.

Der Junge gähnte und sah Dinaro an.

Seit sie in Dispo gewesen waren, ging es seinem kleinen Freund besser. Er klopfte sich nicht mehr ständig gegen seinen Kopf und hatte viel gelacht, als Nick ihn huckepack nach Pekunia getragen hatte.

Nach und nach waren alle dort eingetrudelt: Euribor, das Chamäleon, die Katze … Am Ende auch Ultimo.

Doch war Pekunia kein gutes Versteck für Nick gewesen, der die kleinen Spardosen weit überragte und leicht auffiel. Deshalb war er mit Dinaro schließlich weitergeflohen: in den Tresor, auf der anderen Seite wieder hinaus. Und hier waren sie nun wieder.

Nick streifte seine Schuhe ab und schlüpfte in sein Bett. Dinaro nahm er zu sich. Sicherheitshalber zog er die Decke über ihre Köpfe. „Mister Ki dürfte ganz schön sauer sein, dass wir die Spardosen aus den Käfigen befreit haben", sagte Nick.

„Allerdings ist zu befürchten, dass er sich an uns rächen will", entgegnete Dinaro. „Aber wir haben Ultimo befreit, das war es wert. Und du hast mir dabei geholfen. Du bist ein echter Freund."

Das freute Nick.

Wieder gähnte er.

„Meinst du, wir müssen Angst haben, dass Mister Ki den Weg in unser Wohnzimmer findet?"

Dann war er auf einmal eingeschlafen.

10 Lisa kippelt

„Nick! Hast du denn den Wecker nicht gehört!" Nicks Mutter zog ihrem Sohn die Bettdecke weg. „He, Schlafmütze! Du musst aufstehen! Schule!"

Nick begriff nicht sofort, wo er war.

„Bin ich denn nicht in … in Monetia?", murmelte er schlaftrunken.

„Monetia?" Die Mutter lachte. „Du hast geträumt, mein Schatz. Heute ist wieder alles normal. Kein Geburtstag. Keine Sonderbehandlung wie gestern. Raus aus den Federn! Warum nimmst du denn deinen Spardino mit ins Bett? Ist der nicht ein bisschen hart zum Kuscheln?"

„Gestern?" Nick verstand jetzt überhaupt nichts mehr. „War *gestern* mein Geburtstag?"

„Du stellst Fragen", wunderte sich die Mutter.

„Und Dinaro?" Nick fuhr hoch und betrachtete den Spardino, der neben ihm lag: Kein Goldglitzern mehr im Bauch. Nichts, was auf die Abenteuer der vergangenen Nacht hingewiesen hätte. Er war wieder zu jener Spardose geworden, die Nick mit Papa aufgebaut hatte.

„Dinaro!" Entsetzt rüttelte Nick seinen Freund.

„He, wach auf!"

„Jetzt wird hier nicht mit Spardosen gespielt, Nick! Jetzt geht's zur Schule!" Die Mutter nahm den Dino und stellte ihn zur Seite.

Beim Frühstück bekam Nick kaum einen Bissen hinunter. Immer wieder blickte er zum Tresor hinüber, der wieder offen stand, weil die Mutter die Gläser von gestern gespült und hineingestellt hatte. Es sah darin aus wie immer. Nichts mehr von einem Höhlengang in ein geheimnisvolles Land jenseits der Tür. Rein gar nichts.

„Willst wohl wieder anstoßen", kicherte Lisa, die wie wild auf ihrem Stuhl kippelte. „Aber jetzt bin erst mal ich wieder dran mit Geburtstag. Mama, wie oft muss ich noch schlafen?"

„Ziemlich oft", sagte die Mutter. „Und hör bitte auf zu kippeln."

„Mama, wie alt werde ich dann?"

„Hör auf zu kippeln! Hörst du?"

Nick seufzte.

„Man kann eben nicht jeden Tag Geburtstag haben", sagte die Mutter, die seinen traurigen Blick bemerkte. „Aber ich mache heute noch mal eine Ausnahme: Ich fahre dich mit dem Auto zur Schule. Dann haben wir noch ein bisschen Zeit. Und vergiss bitte nicht, dich bald für deine Geschenke zu bedanken."

„Dann spiele ich so lange mit deinem Spardino", krähte Lisa sofort.

„Das ist aber meiner!", erwiderte Nick ärgerlich.

„Ich will aber auch so einen Dino haben!"

„Dann wünsch dir doch einen von Tante Brünhilde!"

„Aber noch lieber als einen Dino will ich ein Pony!", rief Lisa. „Und ein Einhorn! Und einen Hund! Am liebsten einen Hund! Und ganz viel Geld, damit ich mir davon tausendhundert neue Lollis kaufen kann! Und tausendhundert Tüten Eis! Mama, darf ich?!"

Sprach's und kippelte dabei so doll, dass sie vom Stuhl purzelte.

PLING-PLING!

Sparen lernen, erwachsen handeln

Kinder geben ihr Geld gern für Eis aus. Das dürfen sie auch. Aber wer sein Geld nicht einfach aus dem Fenster wirft, sondern sinnvoll spart, handelt erwachsener. Er übernimmt die Verantwortung für sich selbst und sein Leben und baut sich etwas auf. Man muss damit gar nicht warten, bis man alt und schrumpelig ist, sondern kann jeden Moment damit anfangen.

Auf den eigenen Geburtstag zu warten ist fürchterlich. Doch kein Geburtstagswarten kann so schlimm sein wie das, was Nick an diesem Vormittag in der Schule erdulden musste. Vor lauter Aufregung vergaß er glatt, sein Pausenbrot zu essen. Auch hörte er seiner Lehrerin kaum zu, denn er musste die ganze Zeit nur an Dinaro denken. Wieso war er heute Morgen so anders gewesen als in der Nacht? Wollte er nicht mehr sein Freund sein? Oder hatte Nick das alles nur geträumt? Die Reise nach Monetia? Die Sache mit Mister Ki?

Irgendwann war die Schule dann doch vorbei. Nick stürmte nach Hause, pfefferte den Schulrucksack in die Garderobenecke und rannte gleich zu Dinaro, den seine Mutter wieder neben das frisch gemachte Bett gestellt hatte.

„He, Dinaro!" Nick stupste den Dino an. „Wie war denn das mit der ewigen Freundschaft? Hast du wieder alles vergessen? Komm, jetzt sag doch mal was, alter Junge. Oder zwinkere mir wenigstens mal zu."

Er schüttelte und drehte die Spardose und suchte nach der Goldmünze im durchsichtigen Bauch. Doch er entdeckte darin nur eine Metallscheibe, die der Goldmünze zwar ähnelte, aber aus einem ganz anderen Material war.

„Ist das Blei?", überlegte Nick. Er wusste von den gemeinsamen Handwerkerarbeiten mit seinem Vater, wie alte Bleirohre aussahen. Die Farbe war dieselbe.

Er konnte sich das beim besten Willen nicht erklären.

„Und die anderen Goldmünzen?!"

Hastig griff er nach dem Schatzkästchen und blickte hinein. Hier war alles in schönster Ordnung: Die beiden verbliebenen Goldmünzen glänzten wie neu.

Nick blickte zum Dino und vom Dino zurück zu den Goldmünzen.

Gold oder Blei?

Freundschaft oder nicht?

Traum oder Wirklichkeit?

So langsam dämmerte ihm, wie es zusammenhing: Dass es eben *kein* Traum gewesen war. Und dass Dinaro in der Nacht *tatsächlich* lebendig geworden war, weil Lisa heimlich die erste Goldmünze in ihn hineingeworfen hatte. Aber sie wirkte hier nur eine Nacht, während sie Dinaro zufolge drüben in Monetia die Spardosen ein ganzes Jahr lebendig machte.

Wieder blickte Nick zu den Goldmünzen im Schatzkästchen. Und dann voller Sehnsucht zu Dinaro.

„Was würde Tante Brünhilde wohl dazu sagen, wenn ich noch mal eine Goldmünze in dich hineinstecke??", fragte er den Dino. „Oder soll ich ihr gar nichts erzählen von dir und Monetia?"

Da machte es mal wieder:

PLING-PLING!

Lieber Nick,

ich bin mir nicht ganz sicher, ob du mein Geschenk wirklich so gebrauchst, wie ich es geschrieben hatte. Darum noch einmal eine ernste Warnung: Wirf die Goldmünzen bitte wirklich nur dann ein, wenn ich dich über den Index dazu auffordere!!!

Andere Münzen kannst du gern so viele hineintun, wie du möchtest.

Hast du denn Spaß mit meinem Geschenk? Schreib mir doch gelegentlich ein paar Worte.

Wie geht es Lisa, wie geht es deinen Eltern?

Melde dich doch bald mal und sei ganz lieb gegrüßt und gedrückt von
deiner Tante Brünhilde

Fassungslos las Nick die Worte. Es würde wohl noch eine ganze Weile dauern, bis er verstand, wie dieser Index funktionierte. Im Augenblick aber konnte er nur zusehen, wie der Bildschirm wieder erlosch und die Nachricht seiner Tante verschwand.

Und jetzt?

Tante Brünhilde informieren oder nicht?

Goldmünze einwerfen oder nicht?

Na ja. Was konnte denn schon Schlimmes passieren, außer dass der Dino erneut lebendig wurde? Nick nahm eine Münze aus dem Schatzkästchen und blickte sie an. Es war ein Schlüssel darauf zu erkennen.

Was hatte der Index gefragt, als sie in Dispo waren?

Machst du gern Dinge, die du dir selbst ausdenkst, oder folgst du lieber den Befehlen anderer? Vermutlich möchtest du lieber frei sein und Dinge selbst entscheiden, anstatt zu gehorchen.

„Stimmt", sagte Nick leise.

Er hatte nicht die geringste Lust, jetzt zu gehorchen.

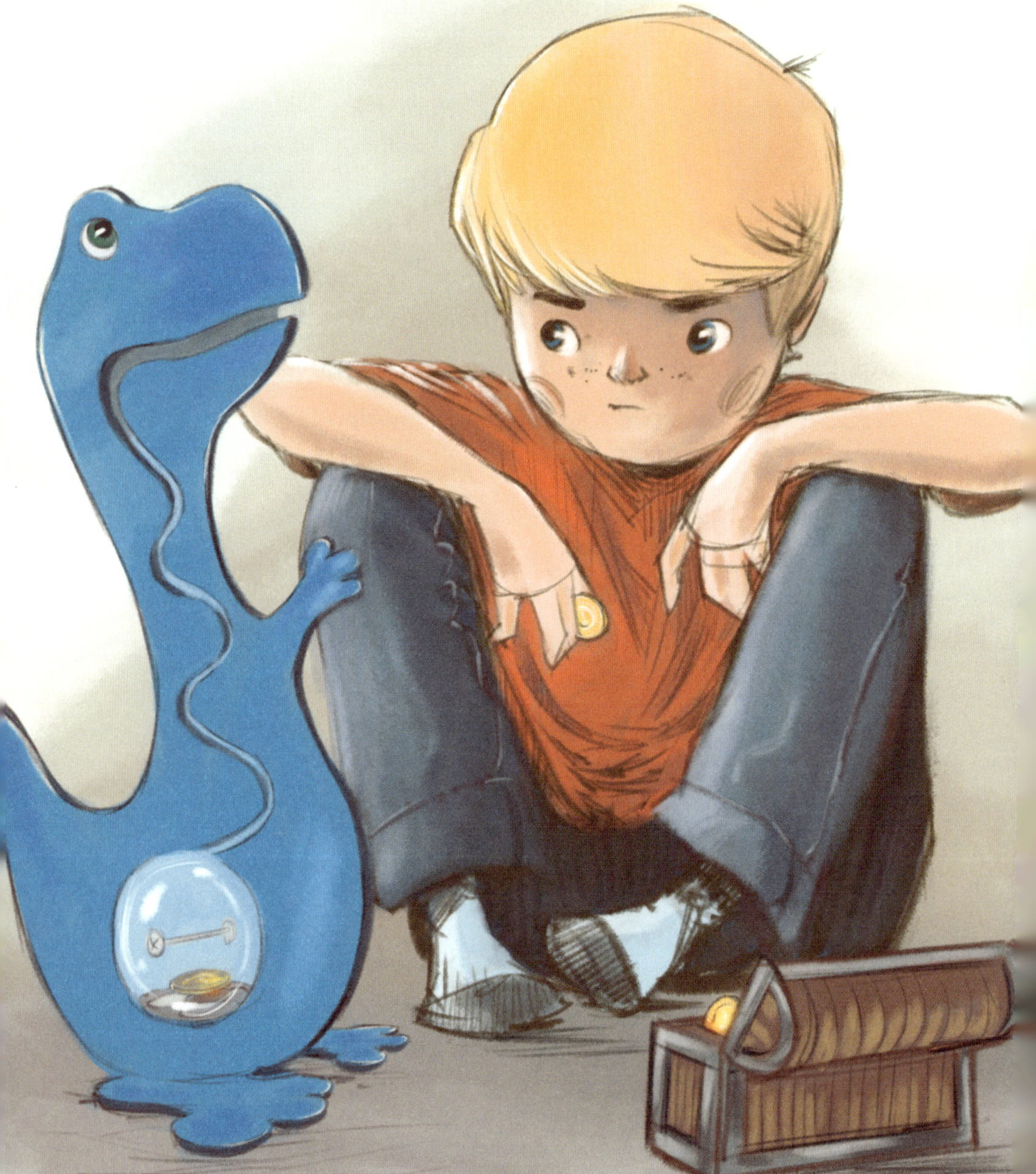

Noch einmal sah Nick den Dino an.

Dann den Index.

Und wiederum die Münze.

Dino …

Index …

Münze …

Dino …

Index …

Nicks Blicke drehten sich im Kreis wie seine Gedanken, doch seine Entscheidung hatte er eigentlich schon getroffen. Deshalb steckte er das Goldstück in den Dino.

So!

Nick beobachtete, wie die Münze klackernd in den durchsichtigen Bauch kullerte und ins Häufchen der anderen Münzen fiel. Und tatsächlich – wieder war es für einen kurzen Moment, als leuchte da etwas golden auf, dieses flirrende Licht aus der Tiefe. Und wieder war der Glanz gleich darauf verschwunden.

Und nun?

Wie ging es weiter?

Musste er jetzt etwa wieder bis Mitternacht warten?

Na dann!

11 Ende und Anfang

Der Rest des Tages war die Hölle für Nick. In der Schule war die Warterei schon unerträglich genug gewesen, aber es war nichts gegen das Warten auf den Abend. So früh wie heute war Nick noch nie zum Essen erschienen.

Und wieder war es Lisa, die damit anfing: „Ich will aber auch mal mit einer Dinospardosenmurmelbahn spielen dürfen", quengelte sie. Auf ihrer Stirn prangte eine dicke Beule, die sie sich beim Sturz vom Stuhl zugezogen hatte. Doch das hinderte sie nicht im Geringsten daran, ordentlich Theater zu machen.

„Ich will, ich will, ich will!"

Immer lauter schrie sie herum, bis der Vater die Nerven verlor, ihr den Schnuller in den Mund stopfte und sie kurzerhand ins Bett steckte. Hier krakeelte sie noch eine Weile herum, bis sie irgendwann einschlief.

Eigentlich durfte Nick ja länger aufbleiben als Lisa, doch heute wollte er das gar nicht.

„Ich geh dann schon mal in mein Zimmer", verabschiedete er sich.

„Alles in Ordnung mit dir?", fragte der Vater erstaunt.

„Ja." Nick tat so, als müsse er gähnen. „Ich bin einfach nur sehr müde."

„Wirst du etwa krank?" Die Mutter fasste Nick prüfend an die Stirn, doch Fieber hatte er keins. „So früh bist du freiwillig noch nie ins Bett gegangen."

„Er wird halt langsam vernünftig", erklärte der Vater.

Dann gab es den üblichen Gutenachtkuss, die Zähne wurden noch oberflächlicher als sonst geputzt und schließlich lag Nick im Bett. Dinaro hatte er danebengestellt. Diesmal wollte Nick nicht verpassen, wie der Dino lebendig wurde. Doch dafür musste er bis Mitternacht warten. Und auf keinen Fall wollte Nick bis dahin einschlafen.

Aber natürlich schlief er doch ein. Und zwar schon bald. Wieder war es der Index, der ihn weckte.

PLING-PLING!

Es war Tante Brünhilde, die schrieb:

Lieber Nick,
tut mir leid, ich glaube, es gibt etwas, das ich dir mitteilen sollte. Wir können den Index dazu benutzen und es darf niemand anders dabei sein. Hast du die nächsten Tage mal Zeit und Gelegenheit?
Auf deine Antwort wartet gespannt
deine Tante Brünhilde

PS: Und denk bitte daran, was ich dir schon schrieb. Sei vorsichtig mit den Goldmünzen und wirf sie keinesfalls ein, bevor ich es sage!!!

Nick kümmerte sich nicht weiter darum, aber ärgerte sich darüber, dass er eingeschlafen war. Ein Blick zum Wecker zeigte, dass es ein Uhr nachts war.

Mitternacht war lange vorbei!

Der Dino!

Nick sprang aus dem Bett und sah sich nach Dinaro um.

Wo war der bloß?

Neben dem Bett stand er nicht. Diesmal war sich Nick vollkommen sicher, dass er ihn selbst dorthin gestellt hatte. War der Dino wieder losgelaufen? Aber warum waren dann keine Goldspuren zu sehen? War er schon zu lange weg und aller Glanz erloschen? Doch warum hatte Dinaro ihn denn nicht geweckt? Wollte er womöglich gar nicht, dass Nick …?

Nick wagte nicht, den Gedanken zu Ende zu denken.

Tausend Gefühle fuhren in ihm Achterbahn.

Er knipste seine Nachttischlampe an und sah, dass die Zimmertür offen stand. Und in der Tür lag etwas, das schlagartig alles erklärte.

Lisas Schnuller.

Das war's also.

Voller Wut rannte Nick in Lisas Zimmer.

Doch ihr Bett war leer.

In der Küche?

Nein, da war sie auch nicht.

Bei den Eltern?

Im Wohnzimmer?

Nirgendwo waren Lisa und Dinaro zu finden.

Und dann sah Nick, dass der Tresor offen stand.

Ein schwacher Lichtschimmer trat daraus hervor und der Höhlengang war wieder da.

„Nein!", stammelte Nick. „Nein! Nein! Nein!"

Lisa hatte sich Dinaro offenbar geschnappt und ihn durch das Tor nach Monetia verschleppt. Hatte sie gesehen, wie er lebendig geworden war? Wie auch immer – Dinaro hatte natürlich keine Chance gegen das energische Kind gehabt. Vermutlich war es gar keine böse Absicht gewesen, sondern einfach nur Lisas bescheuerte Neugier.

Oh, was leuchtet denn so schön aus dem Tresor?, äffte Nick seine Schwester nach. *Da gucken wir doch mal rein, oder?*

Nick blieb keine Wahl. Er musste Lisa zurückholen.

Und Dinaro auch.

Diesmal wollte er nicht so unvorbereitet nach Monetia gehen wie beim ersten Mal. Wieder zog er seine Schuhe an, dann schnappte er sich seinen Schulrucksack und kippte den Inhalt aufs Bett. Stattdessen tat er Lisas Schnuller hinein. Außerdem ein paar andere Dinge, die ihm vielleicht nützlich werden konnten: das zuvor so schmerzlich vermisste Taschenmesser, eine Taschenlampe, das nicht gegessene Pausenbrot aus der Schule – lauter Abenteurerbedarf.

Dann hatte Nick das Schatzkästchen in der Hand.

Nachdenklich betrachtete er die Goldmünze, die noch darin war.

Mitnehmen oder nicht?

Er entschied sich für Mitnehmen.

Und so steckte Nick die Münze kurzentschlossen in die Tasche seiner Schlafanzughose, warf sich den Schulrucksack über die Schulter, stieg über die Kommode in den Tresor und folgte Lisa und Dinaro nach Monetia.

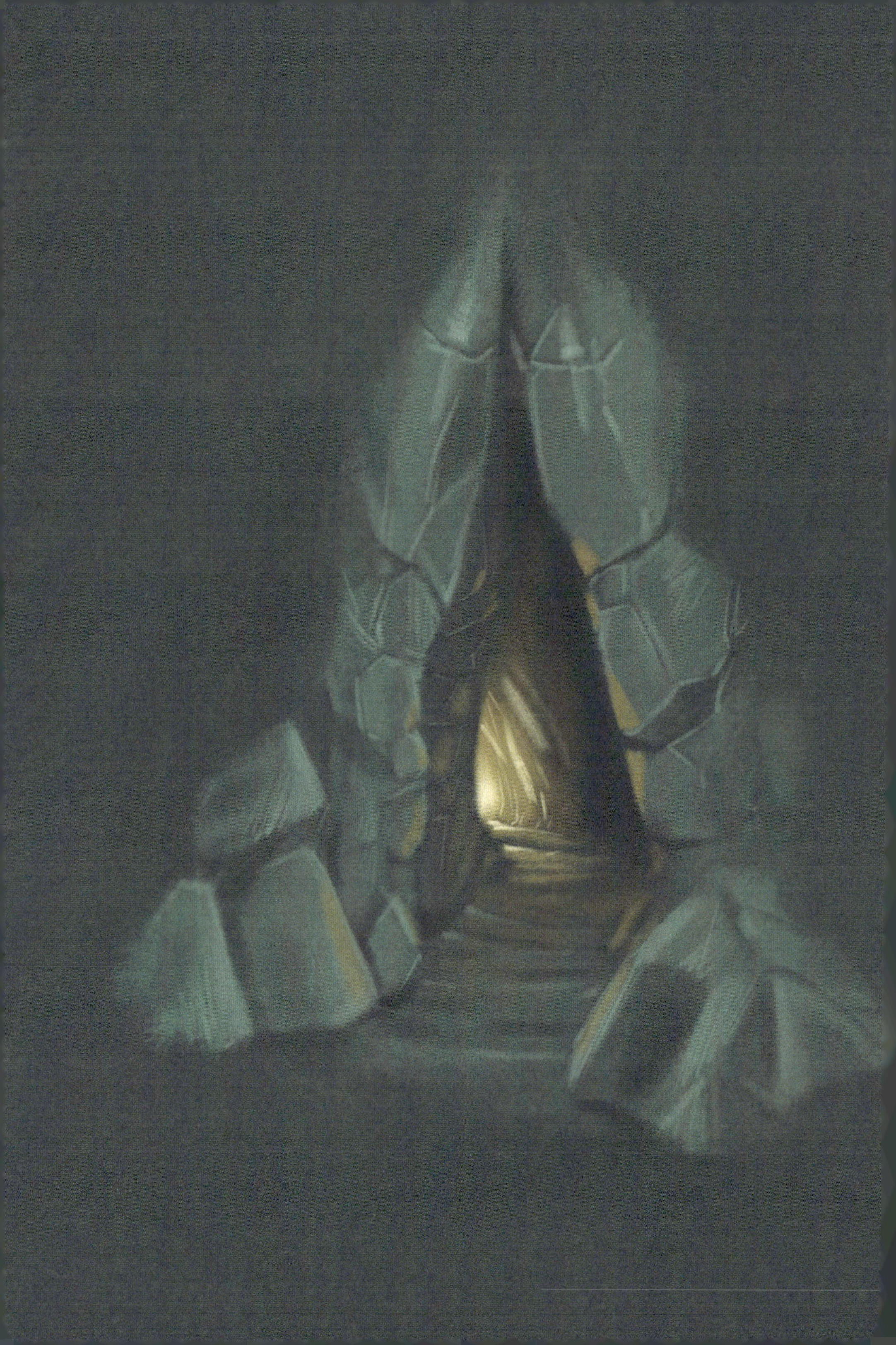

Und wie geht es weiter?

Leseprobe aus Band 2:
Das Geheimnis von Monetia – Die Flucht

„Das hier", raunte Fuffziger geheimnisvoll, „das hier sind die Bergwerke von *Quanto*. Hier werden die Goldmünzen abgebaut, die uns Spardosen lebendig machen. Nicht jeder kann hier Bergmann sein. Es müssen besonders charakterstarke Spardosen sein, die die Münzen, die sie dem Gestein abgewinnen, nicht sofort in sich hineinstecken. Von den körperlichen Strapazen einmal ganz abgesehen. Das kann nicht jeder. Es sei denn, man hat einen Knopf in sich und vergisst die Anstrengungen der Arbeit."

„Die Bergwerke von Quanto", wiederholte Nick ehrfurchtsvoll. Er hatte bei seinem ersten Besuch in Monetia schon davon gehört. „Und du meinst wirklich, Lisa ist da drin?"

„Nein", sagte Fuffziger. „Aber der Weg zu ihr führt durch die Stollen."

„Ist es da gefährlich?", fragte Nick.

Fuffziger dachte kurz nach und sagte dann:

„Für uns schon."

Von: Brünhilde <bruenhilde@monetia.info>
An: Nick
Datum: Montag, 13:24 Uhr
Betreff: Ein kleiner Nachtrag

Hallo, lieber Nick,

in letzter Zeit habe ich dich ja ganz schön zugeballert mit meinen Nachrichten. Haben sie dich verwirrt? Kamen sie womöglich ungelegen und du hattest keine Zeit, sie durchzulesen? Sicherheitshalber möchte ich dir hier die wichtigsten Dinge noch einmal zusammenfassen.

Ich möchte, dass du verstehst, was es heißt, gut mit seinem Geld umzugehen. Am besten fängst du schon jetzt an, das zu trainieren, dann wird es dir später als Erwachsener nützlich sein.
Sparen gehört auch dazu. Wie aber spart man am sinnvollsten? Ich habe es früher meist so gehandhabt, dass ich immer sofort die Hälfte meines Taschengelds in eine Spardose gesteckt habe. Anfangs waren es nur ein paar Münzen, aber nach und nach wurde daraus ein nettes kleines Vermögen, das es mir ermöglichte, in die USA überzusiedeln und eine eigene Firma zu gründen.

Eine eigene Firma war mein großer Traum gewesen. In den USA konnte ich ihn verwirklichen, auch wenn es nicht immer ganz einfach war. Die genaue Vorstellung meines Ziels hat mir geholfen. Ich musste damals viele wegweisende Entscheidungen treffen, Mitarbeiter finden und sie von meinem Traum überzeugen, damit sie mir helfen konnten, ihn zu verwirklichen.

2

Träume, Ziele, Visionen – sie helfen dir auch beim Sparen. Wenn du zum Beispiel für etwas ganz Bestimmtes sparst, werden dich andere viel lieber unterstützen, als wenn du sie einfach nur so um Geld bittest, ohne zu sagen wofür.

Du kannst dir natürlich auch Geld leihen, aber das solltest du nur machen, wenn es dir hilft, etwas aufzubauen. Etwas, das langfristig wieder Einnahmen einbringt. Ein Bäcker zum Beispiel braucht Mehl, ein Maurer Steine und so weiter. Aber sie machen etwas daraus. Und auch du sollst etwas aus deinem Geld machen. Wenn du es klug anstellst, geht es dir am Ende womöglich wie dieser Prinzessin, die sich nur ein einziges Reiskorn wünschte, das sich mit der Zeit immer wieder verdoppelte. Nach einer Woche waren es zwei Reiskörner, in der nächsten Woche vier, dann acht, sechzehn, zweiunddreißig, vierundsechzig, hundertachtundzwanzig, Tausende, Zehntausende, Millionen ... Es wurden immer mehr und immer mehr.

Manchmal werde ich gefragt, ob man als wohlhabende Frau eigentlich auch ein guter Mensch sein kann. Manche Leute glauben, dass Geld an sich etwas Böses sei. Ich denke hingegen, dass Geld weder gut noch böse ist. Es zeigt lediglich umso deutlicher, wer du in dir drin wirklich bist: Bist du ein guter Mensch, kannst du mit Geld noch mehr Gutes tun. Entscheidend ist eben immer, was man mit dem Geld anstellt. Meine Regel ist: Wer viel verdient, soll auch viel zurückgeben und den Menschen damit Gutes tun.

Um zu helfen, benötigt man aber nicht immer Geld. Oft reicht es auch schon, wenn man etwas von seiner Zeit herschenkt.
Man kann zum Beispiel ehrenamtlich andere Menschen unterstützen, die wiederum anderen Menschen helfen. Oder man bietet seine Zeit in einem Seniorenheim an und macht Spaziergänge mit alten Menschen. Manchmal kann man schon mit den einfachsten Dingen Menschen glücklich machen – und Möglichkeiten gibt es viele.

Was man allerdings benötigt, ist tatsächlich Zeit. Und viel freie Zeit zu haben muss man sich leisten können. Deswegen haben wohlhabende Menschen auch öfter die Möglichkeit, Gutes zu tun. Und die sollten sie genau dafür auch nutzen.

So viel für heute, lieber Nick, und bald vielleicht mehr,
deine Tante Brünhilde

PS: Ich habe dich sehr lieb.

Von: Brünhilde <bruenhilde@monetia.info>
An: Nick
Datum: Montag, 14:12 Uhr
Betreff: Hab noch was vergessen …

Hallo Nick,

vielleicht findest du es ja doof, wenn eine Tante so etwas Langweiliges schreibt :-) Es gibt so viele Erwachsene, die nicht gut mit Geld umgehen können. Besser also, man lernt es schon als Kind. Deshalb ist es wichtig, dass man rechtzeitig darüber spricht.

In meiner Zeit in Afrika habe ich die Pyramiden in Ägypten besucht. Kennst du die? Es sind die höchsten Pyramiden der Welt. Sie sehen aus wie Berge, sind aber aus Stein gebaut. Das Leben funktioniert sozusagen wie der Bau einer Pyramide: Je breiter sie unten aufgestellt ist, desto weiter kann sie später in den Himmel ragen. Die Bausteine sind das, was du lernst: in der Schule, durch Bücher oder durch den wohlmeinenden Rat deiner Tante Brünhilde. Dieses Wissen hilft dir, Stein für Stein voranzukommen, bis du die Spitze deiner eigenen Pyramide erreicht hast. Halte an deinen Träumen fest, lieber Nick, dann wirst du es bis ganz zur Spitze schaffen.

Noch einmal liebe Grüße sendet dir
deine Tante Brünhilde

PS: Wenn du Fragen hast oder mehr übers Sparen wissen möchtest, dann schreib mir einfach eine E-Mail: bruenhilde@monetia.info

Der Säntis in der Nähe von St. Gallen ist über 2500 Meter hoch. Vom Gipfel aus haben wir sechs Länder gesehen.

Errätst du, welche?

Mit unseren Kindern wandern wir gern durch die Schweizer Alpen. Um einen Gipfel zu erreichen, braucht es einen festen Willen, Durchhaltevermögen – und gute Schuhe.

Unten siehst du mich mit meiner Familie auf einer Wandertour in der Nähe des Säntis.

Wie viele Personen zählst du auf dem Bild?

Für die giftfreie Herstellung von Holzspielzeug habe ich den Golden Creativity Award der Idee-Suisse bekommen. Denn den Erhalt der Natur und den Schutz meiner Mitarbeiter nehme ich sehr ernst.

Ich bin René Hagspiel.

Mit meiner Familie lebe ich in der Schweiz in der Nähe des Bodensees. Schon als Kind habe ich immer viele Ideen umgesetzt. Heute stelle ich lustige Dino-Spardosen her – und bin damit ein erfolgreicher Unternehmer.

Die finanzielle Bildung von Kindern ist mir eine Herzensangelegenheit. Daraus ist dieses Buch entstanden, das du gerade in deinen Händen hältst.

Ich wünsche dir viel Spaß damit!

Als Vater weiß ich, dass Kinder nicht immer gern zur Schule gehen. Dabei kann Lernen richtig Spaß machen, weil man so viel Neues entdecken kann!

Was war deine letzte Entdeckung?

Hast du alle Antworten gefunden?

Dann schreib mir:
rene@hagspiel.ch

Mein Name:

Das Buch habe ich geschenkt bekommen

von: _____

am: _____

Gelesen habe ich das Buch

◯ mit Mama   ◯ mit Papa

◯ mit _____

Fertig gelesen habe ich es am: _____

Diesen Freunden möchte ich mein Buch zeigen:

_____

_____

_____

_____

Meine Lieblingsspardose aus dem Buch:

_____

Die 3 wichtigsten Dinge, die ich durch dieses Buch über das Sparen gelernt habe:

1. _____
   _____

2. _____
   _____

3. _____
   _____

Für diesen Traum spare ich mein Taschengeld:

_____
_____
_____
_____
_____
_____

So viele Sterne gebe ich diesem Buch:

☆ ☆ ☆ ☆ ☆

In meinen Abenteuer-Rucksack packe ich:

Meine Wunschliste:

- ○ ein tolles Taschenmesser
- ○ ein Fahrrad
- ○ Eis essen gehen
- ○ einen angelutschten Lolli
- ○ viele Bücher
- ○ einen eigenen Spardino

Das Geheimnis von Monetia
Band 2: Die Flucht
ISBN 978-3-907231-02-9
Erscheint im Frühjahr 2020

Lisa ist verschwunden und mit ihr Dinaro.
Die Spur führt ins Land der Spardosen …
Auch im zweiten Buch über das Geheimnis
von Monetia wird von Mister Ki die Rede sein.
Warum hat er ein Ringelschwänzchen?
Ist dieser Spardose namens Fuffziger wirklich
zu trauen? Und was hat all dies eigentlich
mit Geld zu tun?

Das Geheimnis von Monetia
Band 3: Die Fee
ISBN 978-3-907231-03-6
Erscheint zu Weihnachten 2020

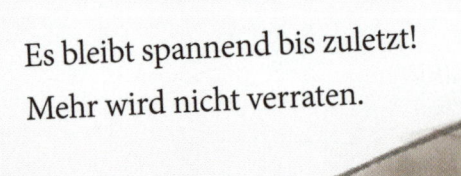

Es bleibt spannend bis zuletzt!
Mehr wird nicht verraten.

Jetzt Band 2 bestellen!

Münze Band 2

Rückseite der Münzen

Fehlt dir eine Münze? Dann kannst du sie bei uns nachbestellen!

Münze Band 1

Bei uns gibt's jedes Buch mit Gratis-Sammelmünze: www.monetia.info

Abbildung der Münzen in Originalgröße, ø 29 mm

Illustration

Daniel Unrau studiert Design/Illustration an der Münster School of Design. Von klein auf ein großer Dino-Fan, hat er den berühmten Film über Dinosaurier, die glücklich und zufrieden in einem Freizeitpark leben, ungefähr 8429 Mal gesehen und die Tiere abgemalt. Inzwischen klappt es ganz gut, Dinos aus der Vorstellung heraus zu zeichnen. www.danielunrau.de

Layout und Gesamtgestaltung

Ellen Bischke lebt und arbeitet in Essen. Neben ihrer grafischen Arbeit fotografiert und musiziert sie gern. Außerdem liebt sie gutes Essen und schöne Dinge. www.druckgut.de

Lektorat und Projektmanagement

Susanne Armbruster aus Hamburg mag das Donnern der Nordsee, das Rauschen im Walde, das Knirschen von Schnee, klassische Musik – und schöne Texte. www.susannearmbruster.de

Impressum

„Das Geheimnis von Monetia – Das Tor" von René Hagspiel
1. Auflage 2019

©2019 Wertvoll Verlag GmbH, Tübach
www.wertvoll-verlag.com
Druck und Bindung: Livonia Print, Riga
ISBN 978-3-907231-01-2

Wir haben viel Zeit, Energie und Liebe in dieses Buch investiert. Hast du Verbesserungsvorschläge oder Anregungen? Die besten 10 Ideen unter den ersten 100 Einsendungen gewinnen das signierte 2. Buch mit persönlicher Nachricht. Ich freue mich auf deine E-Mail! Liebe Grüße von René Hagspiel
rene@hagspiel.ch

Sei ein Teil unserer Community und erhalte alle neuen Infos unter
www.monetia.info